Zu diesem Buch

«Cerams Buch ist der faszinierende Bericht über eine der größten Errungenschaften unserer modernen westlichen Zivilisation, die hier vielleicht überhaupt zum erstenmal umfassend und selbständig dargestellt wird. Der Autor hat sehr geschickt die Lebensläufe der großen westlichen Archäologen der letzten 200 Jahre aus der Geschichte der vergrabenen und vergessenen Kulturen der Vergangenheit herausgeschält, die diese hervorragenden Entdecker ans Licht gebracht haben», schrieb der englische Historiker Arnold Toynbee zum Erscheinen von «Götter, Gräber und Gelehrte».

Diese Taschenbuch-Sonderausgabe enthält das zweite Kapitel aus Cerams Weltbestseller und ist mit prächtigen Farbtafeln der schönsten altägyptischen Stätten und Funde ausgestattet. Das Interesse an den Kunstschätzen der ägyptischen Pharaonen-Dynastien ist unvermindert stark; große Ausstellungen in vielen Städten der Bundesrepublik Deutschland ziehen immer wieder zahlreiche Besucher an und haben eine große Nachfrage an informierender, aber auch spannend erzählender Literatur zur Folge. Nach wie vor zählt Cerams Standardwerk zu den Büchern, die diese Wünsche voll erfüllen.

Kurt W. Marek (alias C.W. Ceram), 1915–72. Als Siebzehnjähriger schrieb er seine ersten Artikel und begann ein Jahr später mit der Ausbildung als Verlagsbuchhändler. Von 1946 bis 1952 war er Cheflektor des Rowohlt Verlags. Als Vierunddreißigjähriger vollendete er seinen Roman der Archäologie «Götter, Gräber und Gelehrte», der in 26 Sprachen übersetzt wurde.

C. W. Ceram

Das Buch der Pyramiden

rororo
Rowohlt

Umschlaggestaltung Werner Rebhuhn
(Foto: Rückenlehne des Thronsessels Tut-ench-Amuns
im Nationalmuseum Kairo / ZEFA-L. Schranner)

19.–28. Tausend November 1991

Entnommen aus: C. W. Ceram «Götter, Gräber und Gelehrte»
Veröffentlicht im Rowohlt Taschenbuch Verlag GmbH,
Reinbek bei Hamburg, Oktober 1980

Satz Garamond (Linotron 404)
Gesamtherstellung Clausen & Bosse, Leck
Printed in Germany
1280-ISBN 3 499 19169 5

«Soldaten! Vierzig Jahrhunderte
blicken auf euch herab!»
Napoleon

«Die da bauten aus Granit,
die eine Halle mauerten in die Pyramide,
die da Schönes leisteten in dieser schönen Arbeit
... ihre Opfersteine sind ebenso leer
wie die der Müden, die auf dem Uferdamme
sterben ohne einen Hinterbliebenen.»
Altägyptischer Spruch

O Mutter Nut!
Breite deine Flügel über mich aus, wie die
unvergänglichen Sterne!»
Inschrift auf dem Sarg des Königs
Tut-ench-Amun

Inhaltsverzeichnis

1. Kapitel

Eine Niederlage wird zum Sieg

Am Beginn der archäologischen Entdeckung Ägyptens stehen Napoleon I. und Vivant Denon. Ein Kaiser und ein Baron. Ein Feldherr und ein Mann der Kunst. Sie gingen ein Stück Weges zusammen; sie kannten sich gut, aber ihr Wesen hatte nichts miteinander gemein. Wenn sie zur Feder griffen, entstanden bei dem einen Befehle, Dekrete und Gesetzbücher, bei dem andern leichtfertige, sittenlose, ja pornographische Novellen und Zeichnungen, die zu den sekretierten Kuriositäten zählen.

Als Napoleon diesen Mann wählte, um ihn einer seiner Expeditionen als künstlerischen Mitarbeiter zu attachieren, da tat er einen jener glücklichen Griffe, die erst von den Späteren gewürdigt werden.

Am 17. Oktober 1797 wurde der Frieden von Campo Formio unterzeichnet. Damit war der italienische Feldzug beendet, und Napoleon kehrte nach Paris zurück. «Napoleons Heldentage sind vorüber!» schrieb Stendhal. Der Dichter irrte. Die Heldentage begannen. Aber bevor Napoleon wie ein Komet ganz Europa erhellte und schließlich versengen sollte, ergab er sich «wahnwitziger, einem kranken Hirn entsprungener Chimäre». In schmalem Zimmer ruhelos auf und ab schreitend, verzehrt von Ehrgeiz, sich mit Alexander vergleichend, verzweifelnd am Ungetanen, schrieb er: «Paris lastet auf mir wie ein bleierner Mantel! – Ein Maulfswurfshügel ist euer Europa! Nur im Osten, wo sechshundert Millionen Menschen wohnen, können große Reiche gegründet und große Revolutionen verwirklicht werden!» (Übrigens ist die hohe Einschätzung Ägyptens als Pforte zum Osten weit älter als Napoleon; Goethe hat bereits den Bau des Suezkanals vorausgesagt und politisch richtig eingeschätzt. Und noch früher: Leibniz entwarf

1672 eine Denkschrift an Ludwig XIV., in der er die Bedeutung Ägyptens für eine französische Imperialpolitik richtig – richtig im Sinne späterer politischer Entwicklung – darlegte.)

Am 19. Mai 1798 stieß Napoleon an der Spitze einer Flotte von dreihundertachtundzwanzig Schiffen, an Bord ein Heer von achtunddreißigtausend Mann (fast genausoviel wie unter Alexander, als er auszog, Indien zu gewinnen), von Toulon aus in See. Ziel: Über Malta nach Ägypten!

Ein alexandrinischer Plan. Napoleons Blick ging über Ägypten hinaus ebenfalls nach Indien. Der Heerzug über See war der Versuch, England, das unfaßbare im europäischen Gefüge, tödlich zu treffen an einem seiner Glieder. Nelson, Befehlshaber der englischen Flotte, kreuzte einen Monat lang vergeblich im Mittelmeer, war zweimal Bonaparte fast auf Sichtweite nahe – und verfehlte ihn beide Male.

Am 2. Juli betrat Napoleon ägyptischen Boden. Nach entsetzlichem Wüstenmarsch badeten die Soldaten im Nil. Und am 21. Juli tauchte aus früher Dämmerung Kairo empor, eine Vision aus «Tausendundeiner Nacht», mit den schlanken Türmen seiner vierhundert Minaretts, mit der Kuppel von Djami-el-Azhar, der Moschee. Doch neben dieser Fülle der Zierlichkeit, der filigranen Ornamentik vor den Nebeln eines frühen Himmels, neben der ganzen prächtigen, schwelgerischen, zauberischen Welt des Islam, erhoben sich, aus der Dürre gelber Wüste, gegenüber der grauvioletten Wand des Mokattam-Gebirges, die Profile gigantischer Bauwerke, kalt, groß, abweisend – die Pyramiden von Gizeh, steingewordene Geometrie, schweigende Ewigkeit, Zeugen einer Welt, die schon tot war, als der Islam noch nicht geboren war.

Die Soldaten fanden keine Zeit, sich Erstaunen und Bewunderung hinzugeben. Dort lag tote Vergangenheit, Kairo war zauberische Zukunft, vor ihnen aber stand kriegerische Gegenwart: das Heer der Mamelucken. Zehntausend

Reiter, glänzend geübte, tänzelnde Pferde, blitzende Yatagans; vor dem Gewimmel der Herrscher Ägyptens, Murad, mit dreiundzwanzig seiner Beys, auf schwanenweißem Roß, mit grünem Turban, glitzernd von Brillanten. Napoleon wies auf die Pyramiden, und es sprach nicht nur der Feldherr zu den Soldaten, der Psychologe zur Masse, sondern ein Abendländer konfrontierte sich mit der Weltgeschichte. Hier fiel das Wort: «Soldaten! Vierzig Jahrhunderte blicken auf euch herab!»

Der Zusammenstoß war furchtbar. Es siegte nicht die Begeisterung der Orientalen, es siegten die Kader der europäischen Bajonette. Die Schlacht wurde zum Schlachten. Am 25. Juli zog Bonaparte in Kairo ein. Der halbe Weg nach Indien schien getan.

Aber der 7. August sah die Seeschlacht von Abukir. Nelson hatte endlich die französische Flotte gefunden und war über sie hergefallen wie ein rächender Engel. Napoleon saß in der Falle. Das ägyptische Abenteuer war entschieden. Es währte noch ein Jahr, es brachte noch die Siege des Generals Desaix in Oberägypten und zuletzt Napoleons Landsieg bei demselben Abukir, das die Vernichtung seiner Flotte gesehen hatte. Aber mehr als Siege brachte es Not, Hunger, Pestilenz und für viele die Erblindung durch die ägyptische Augenkrankheit, die zu so ständigem Begleiter aller militärischen Einheiten wurde, daß sich bei der Wissenschaft der Name «Ophthalmia militaris» dafür einbürgerte.

Am 19. August 1799 entfloh Bonaparte seiner Armee. Am 25. August stand er an Bord der Fregatte «Muiron» und sah die Küste des pharaonischen Landes im Meer versinken. Er drehte sich um und wandte den Blick nach Europa.

Diese Expedition Napoleons, militärisch mißraten, bewirkte dennoch, auf lange Sicht gesehen, die politische Erschließung des modernen Ägypten und die wissenschaftliche des antiken. Denn an Bord der französischen Flotte hatten sich nicht nur zweitausend Kanonen befunden, sondern auch hundertfünfundsiebzig «Gelehrte Zivilisten», von den Seeleuten und Soldaten mit prägnanter, doch fehlgehender Kürze «die Esel» genannt; ganz abgesehen von einer Bibliothek mit nahezu allen in Frankreich aufzutreibenden Büchern über das Land am Nil und von Dutzenden von Kisten mit wissenschaftlichen Apparaten und Meßinstrumenten.

In den Frühlingstagen des Jahres 1798 hatte Napoleon zum erstenmal im großen Sitzungssaale des «Institut de France» vor den Wissenschaftlern von seinen Plänen gesprochen. In der Hand die zweibändige «Arabische Reise» von Niebuhr, mit dem Knöchel des Zeigefingers zur Bestätigung seiner Worte hart auf den Lederrücken pochend, hatte er die Aufgaben der Wissenschaft in Ägypten erläutert. Wenige Tage später standen mit ihm an Bord seiner Flotte Astronomen und Geometer, Chemiker und Mineralogen, Techniker und Orientalisten, Maler und Dichter. Unter ihnen auch ein sonderbarer Mann, von der galanten Josephine als Zeichner an Napoleon empfohlen.

Dominique Vivant Denon war sein voller Name. Unter Ludwig XV. hatte er die Aufsicht über eine Sammlung antiker Steine gehabt und als Günstling der Pompadour gegolten. In Petersburg war er Gesandtschaftssekretär gewesen und sehr beliebt bei Katharina. Weltmann, den Frauen zugeneigt, in allen schönen Künsten dilettierend, angefüllt mit Bosheit, Spott und Geist, war er doch mit aller Welt befreundet. Als Diplomat bei den Eidgenossen war er häufiger Gast bei Voltaire gewesen und hatte das berühmte «Frühstück von Ferney» gemalt. Mit einem andern Blatt, der in Rembrandtscher Manier gezeichneten «Anbetung der Hirten», hatte er sich sogar die Mitgliedschaft der Akademie erworben. In Florenz schließlich, in der kunstgesättigten Atmosphäre toskanischer Salons, erreichte ihn die Nachricht vom Ausbruch der Großen Französischen Revolution. Er eilte nach Paris. Und soeben noch Gesandter, «gentilhomme ordinaire», reich, unabhängig, fand er jetzt seinen Namen auf der Emigrantenliste, sah seine Güter konfisziert, sein Vermögen beschlagnahmt.

Arm, verlassen, verraten von vielen, vegetierte er in elenden Quartieren, nährte sich vom Erlös einiger Zeichnungen, strich um die Märkte, sah auf dem Grève-Platz die Köpfe von vielen fallen, die seine Freunde gewesen, bis er einen unerwarteten Gönner fand, Jacques Louis David, den großen Maler der Revolution. Er durfte Davids Kostümentwürfe stechen, die Entwürfe, die auch die Mode revolutionieren sollten. Dadurch eroberte er sich das Wohlwollen des «Unbestechlichen», und er entfaltete – kaum hatte er auf dem Parkett Fuß gefaßt, nachdem er durch den Schmutz Montmartres gewatet war – seine diplomatischen Fähigkeiten, erhielt von Robespierre seine Güter zurück und wurde von der Emigrantenliste gestrichen. Er lernte die schöne Josephine Beauharnais kennen, wurde Napoleon vorgestellt, gefiel, und machte die ägyptische Expedition mit.

Vom Nilland zurückgekehrt, wurde er nun ein erprobter, arrivierter, hochgeehrter Mann, Generaldirektor aller Museen. Und Napoleon, dem Sieger auf allen Schlachtfeldern Europas, auf dem Fuße folgend, fledderte er Kunst (was er «sammeln» nannte) und trug die ersten Batzen zu einem der Reichtümer Frankreichs zusammen. Wenn er als Maler und Zeichner mit so großem Erfolg dilettiert hatte, warum sollte ihm nicht auf dem Gebiet der Literatur der gleiche Erfolg beschieden werden? Man könne, wurde auf einer Gesellschaft behauptet, keine wirkliche Liebesgeschichte schreiben, ohne obszön zu werden. Denon wettete. Und nach vierundzwanzig Stunden legte er «Le Point de Lendemain» vor, die Novelle, die ihm einen besonderen Platz in der Literatur eroberte; die bei Kennern den Ruf genießt, die delikateste ihrer Gattung zu sein, und von der Balzac sagte: «... sie ist eine Hohe Schule der Ehemänner und für die Junggesellen ein köstliches Gemälde der Sitten des letzten Jahrhunderts.»

Von ihm stammte auch das «Œuvre Priapique», 1793 zum

erstenmal erschienen, ein Radierwerk, das hält, was der Name verspricht, und an phallischer Deutlichkeit nichts zu wünschen übrigläßt. Es ist interessant, daß auch jene archäologischen Publizisten, die sich näher mit Denon befassen, von dieser Seite seiner Tätigkeit nichts zu ahnen scheinen. Und es ist amüsant, daß ein so gewissenhafter Kulturhistoriker wie Eduard Fuchs, der als Sittenforscher dem Pornographen einen ganzen Abschnitt widmet, nichts zu wissen scheint von seiner Wichtigkeit für die ersten Schritte der Ägyptologie.

Denn dieser vielseitige, in mancher Beziehung erstaunliche Mann tat doch nur eines, was ihm noch unser Gedenken sichert: Wenn Napoleon Ägypten mit Bajonetten erobert hatte und es doch nicht länger als ein Jahr zu halten vermochte, so eroberte uns Denon das Land der Pharaonen mit dem Zeichenstift, bewahrte es für eine neue Ewigkeit und riß es mit einem Ruck vor unser Bewußtsein. Als er, bis dahin nur Mann der Salons, ägyptischen Boden betrat, muß er, angeweht vom ersten Gluthauch der Wüste, geblendet vom ersten Flimmern des Sandes, in Verzückung geraten sein, die anhielt, solange er aus immer neuen ungeheuren Trümmern den Atem von fünf hingestreuten Jahrtausenden spürte.

Er wurde Desaix beigeordnet, der, auf den Spuren Murad-Beys, des geflohenen Mameluckenführers, mit seiner Armee in tollem Zug nach Oberägypten jagte. Und der einundfünfzigjährige Denon, wohlgelitten bei dem General, der den Jahren nach sein Sohn sein konnte, bestaunt und bewundert von Soldaten, unter denen Knaben waren, achtete nicht der Strapazen und des Klimas. Auf einem abgetriebenen Klepper hastete er heute der Vorhut voraus und schleppte sich morgen mit dem Trosse nach. Schon die Dämmerung sieht ihn nicht mehr im Zelt; er zeichnet während des Lagerns, während des Marsches; er hat den Block neben sich, wenn er die Mahlzeiten hinunterschlingt. Alarm! Er gerät in ein Scharmützel, feuert die Soldaten an, schwenkt sein Papier! Da sieht er eine malerische Szene, er vergißt, wo er ist; er zeichnet!

Dann steht er vor den Hieroglyphen. Er weiß nichts von ihnen. Niemand ist da, der seinen Wissensdurst befriedigen kann. Doch er zeichnet sie, auf alle Fälle. Und sofort unterscheidet sein laienhafter, doch aufs Prinzipielle gerichteter Blick drei Arten, deren Verschiedenheit er richtig als Ausdruck verschiedener Zeiten erkennt: vertieft, flach erhaben, en creux. In Sakkara zeichnet er die Stufenpyramide des Djoser, in Dendera die ungeheuren Reste der ägyptischen Spätzeit; auf der ausgedehnten Ruinenstätte des hunderttorigen Theben jagt er hin und her, unermüdlich, verzweifelt, wenn der Befehl zum Aufbruch kommt und sein Stift noch nicht zu erfassen vermocht hatte, was alles sich dem Auge bot. Dann schimpft er, treibt ein paar lungernde Soldaten herbei, die ihm noch schnell, in fliegender Hast, den Kopf einer Statue freischarren müssen, deren Ausdruck ihn fesselte.

So geht der abenteuerliche Zug bis Assuan, bis zum ersten Katarakt. In Elephantine zeichnet er die reizvolle, mit Pfeilern umgebene Kapelle Amenophis' III., und sein vortreffliches Blatt ist die einzige Kunde von ihr, denn 1822 wurde sie abgebrochen. Und als sich die Heersäule heimwärts wendet, als der Sieg bei Sediman erfochten und Murad-Bey vernichtend geschlagen ist, da schleppt der Baron Dominique Vivant Denon in seinen zahllosen Blättern eine wertvollere Beute heim als die Soldaten, die sich an mameluckischem Schmuck bereichert hatten. Denn wie stark auch immer sein künstlerisches Empfinden sich entzündet hatte vor fremden Welten, so hatte doch die Exaktheit seiner Zeichnung nie darunter gelitten. Er hatte den auch für die Wissenschaft brauchbaren Realismus der alten Kupferstecher geübt, die kein Detail ausließen und weder von Impression noch von Expression das geringste ahnten, die sich «Handwerker» schelten ließen und das Wort nicht als Deklassierung nahmen. So boten seine Zeichnungen unschätzbares Material für den forschenden und vergleichenden Gelehrten. Und vorzüglich auf Grund dieses Materials sollte das Werk entstehen, das die Ägyptologie begründete – die «Description de l'Égypte».

Inzwischen war in Kairo das «Ägyptische Institut» gegründet worden. In der Zeit, da Denon zeichnete, maßen und rechneten, forschten und trugen die übrigen Männer der Wissenschaft und Kunst zusammen, was die Oberfläche Ägyptens bot. Die Oberfläche – denn so reich war das Material, das offen zutage lag, noch unbearbeitet und voll aller Rätsel, daß kein Grund war, zum Spaten zu greifen. Neben Abgüssen, Notizen, Abschriften, Zeichnungen, pflanzlichem, tierischem und mineralogischem Material barg die Sammlung siebenundzwanzig Bildwerke, meist Bruchstücke von Statuen, und mehrere Sarkophage. Und sie barg außerdem einen Fund ganz besonderer Art: eine schwarzpolierte Basaltstele, einen Stein, der in dreierlei Sprache und dreierlei Schrift eine Inschrift trug, als «Dreisprachenstein von Rosette» berühmt wurde und nicht mehr und nicht weniger werden sollte als der Schlüssel zu allen Geheimnissen Ägyptens.

Aber im September 1801, nach der Kapitulation Alexandriens, mußte Frankreich, nach vielem Widerstreben, alle von Bonaparte eroberten ägyptischen Altertümer an England ausliefern. General Hutchinson übernahm den Transport, und Georg III. überwies die kostbaren Stücke, damals von einem Seltenheitswert ersten Ranges, an das «Britische Museum». Frankreichs Verdienst schien nutzlos, ein Jahr der Arbeit schien sinnlos vertan, mehrere Gelehrte, Opfer der ägyptischen Krankheit, schienen umsonst ihr Augenlicht eingebüßt zu haben. Da erwies es sich, daß, was nach Paris gelangte, noch genug war für eine Gelehrtengeneration; es zeigte sich, daß kein Stück unkopiert geblieben war, und der erste, der ein sichtbares und bleibendes Ergebnis der ägyptischen Expedition vorlegte, war Denon, der im Jahre 1802 seine «Voyage dans la Haute et la Basse Égypte» («Reise in Ober- und Unterägypten») erscheinen ließ. Gleichzeitig aber begann François Jomard,

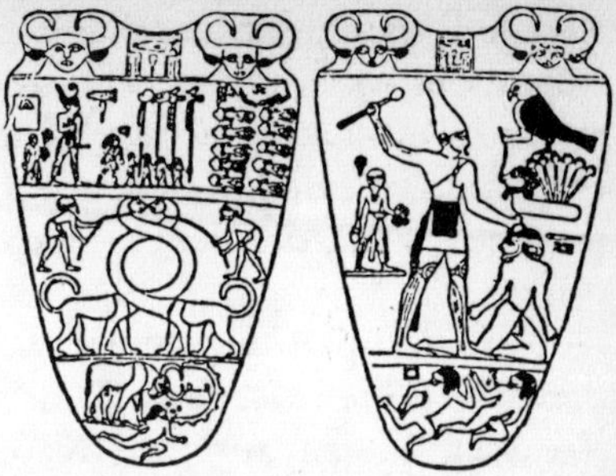

Eins der ersten Zeugnisse ägyptischer Kunst, die sogenannte «Schminktafel des Königs Narmer» (Vorder- und Rückseite). Sie ist etwa 5000 Jahre alt, und es ist möglich, daß sie den großen Menes selber zeigt, den Begründer der I. Dynastie, nach einem Sieg über unterägyptische Feinde.

fußend auf dem gesamten Material der wissenschaftlichen Kommission und besonders auf dem Denons, mit der Redaktion des Werkes, das, einmalig in der Geschichte der Archäologie, mit einem Schlage eine zwar nicht wie Troja versunkene, doch nicht minder ferne, nicht minder rätselhafte, bis dahin nur von wenigen Reisenden gekannte Kultur in den Blickpunkt der modernen Welt rückte.

Die «Description de l'Égypte» erschien in vier Jahren, von 1809 bis 1813. Das Aufsehen, das die vierundzwanzig schweren Bände erregten, ist nur noch der erregenden Wirkung zu vergleichen, die später Bottas erste Publikation über Ninive und noch später Schliemans Troja-Buch hervorrufen sollten. Die Bedeutung der umfangreichen Prachtwerke jener Zeit, mit ihrer Unzahl von Stichen, oft koloriert, kostbar gebunden, nur den Wohlhabenden erschwinglich, bei diesen aber als Schatz des Wissens gehütet, ist schwer verständlich im Zeitalter der Rotationspresse. Heute, da jede wissenschaftliche Entdeckung von Rang sofort in alle Welt geht, in Bild und Film und Wort und Ton millionenfach vervielfältigt, und sich mit anderen Publikationen trifft, von denen die eine lauter ist als die andere, die jeder sich kaufen kann und die jeder sofort vergißt, weil eine andere, neuere, seine Aufmerksamkeit erheischt; heute, wo nichts mehr bewahrt wird, wo das Wertvolle untergeht im Wertlosen, heute ist nur noch zu ahnen, welche

Erregung sich der Menschen bemächtigte, als sie die ersten Bände der «Description» in der Hand hielten und Niegeschautes erblickten, Niegehörtes lasen, von einem Leben erfuhren, von dem sie nie geahnt, und einen Blick in Jahrtausende taten, der sie, ehrfürchtiger noch als wir, erschauern machte.

Denn Ägypten war alt, es war älter als jede Kultur, von der bis dahin die Rede ging. Es war schon alt, als die ersten Versammlungen auf dem Kapitol die Politik des Römischen Weltreiches festlegten. Es war schon alt und bereits verweht, als in den Wäldern Nordeuropas Germanen und Kelten noch Bären und Wisente jagten. Als die erste ägyptische Dynastie zu herrschen begann, als also, vor rund fünftausend Jahren, fixierbare ägyptische Geschichte anhub, da war bereits eine bewundernswerte kulturelle Form vorhanden. Und als die letzte, die sechsundzwanzigste Dynastie, ausstarb und unterging, da dauerte es noch ein halbes Jahrtausend bis zu unserer Ära. Die Libyer herrschten, die Äthiopier, die Assyrer, die Perser, die Griechen, die Römer – und dann erst leuchtete der Stern über dem Stall von Bethlehem.

Natürlich hatte man gewußt von den steinernen Wundern am Nil. Aber sagenhaft, gestützt auf geringe Kenntnis. Wenige der Monumente waren in die Museen gelangt, wenige waren öffentlich zugänglich. Der Rom-Tourist konnte die Löwen auf der Kapitol-Treppe bewundern (die heute verschwunden sind), auch die Statuen einiger ptolemäischer Könige, also sehr späte Werke, verfertigt zu einer Zeit, da der Glanz des alten Ägypten verschwunden war und sich bereits der neue des alexandrinischen Griechentums ausgebreitet hatte. Dazu kamen ein paar Obelisken (zwölf standen in Rom), einige Reliefs in den Gärten der Kardinäle, Skarabäen, Nachbildungen des Mistkäfers, der den Ägyptern heilig war, und die man, wegen der geheimnisvollen Zeichen, die sie auf dem Bauche trugen, in Europa als Amulett benutzte, später als Schmuck und als Siegelstein. – Das war alles.

Wenig war es, was die Pariser Buchhandlungen an informatorischem wissenschaftlichem Material zu bieten hatten. Zwar erschien 1805 eine große, fünfbändige Ausgabe des Strabo, eine vortreffliche Übersetzung seiner geographischen Bücher, und machte für alle lesbar, was bisher nur dem Gelehrten zugänglich gewesen war. Strabo hatte Ägypten zur Zeit des Augustus bereist. Auch das zweite Buch Herodots, dieses erstaunlichsten Reisenden des Altertums, bot Wissenswertes. In wessen Hände aber kamen die Werke Herodots? Und in wessen Gedächtnis lebten die anderen verstreuten Nachrichten der antiken Autoren?

«Licht ist das Kleid, das du anhast ...» sagt der Psalmist. Früh am Morgen erhebt sich die Sonne an einem stahlblauen Himmel, zieht ihre Bahn, gelb, grell, dörrend, widergespiegelt von braunem, gelbem, ockerfarbenem, weißem Sand. Scharf sind die Schatten, blau hingegossen in den Sand wie Tinte, Scherenschnitte ihrer Originale. Und gegen diese ewig besonnte Dürre, die kein «Wetter» kennt, keinen Regen, keinen Schnee, keinen Nebel, keinen Hagel, die nie das Grollen des Donners hörte und niemals das Zucken der Blitze sah – gegen diese Dürre, die die Luft trocken macht, keimfrei, konservierend, das Land unfruchtbar, körnig, brechend, krümelnd in allen Schollen, wälzt sich der Nil an, der Vater der Ströme, «Allvater Nil». Er bricht aus den Tiefen des Landes, genährt von den Seen und Himmelsgüssen des dunklen, feuchten, tropischen Sudans, schwillt, steigt über alle Ufer, überschwemmt den Sand, verschlingt die Wüste, speit Schlamm aus, den fruchtbaren Juli-Schlamm, alljährlich seit Jahrtausenden, steigt um sechzehn Ellen – sechzehn Kinder umspielen den Flußgott in der symbolischen Marmorgruppe im Vatikan – und hat, wenn er langsam zurücksinkt in sein Bett, satt und zufrieden, nicht nur die Wüste verschlungen, sondern die Trockenheit der Erde, die Dürre des Sandes. Da, wo seine braunen Wasser standen, beginnt das Keimen, dort schießt Getreide aus dem Boden, trägt doppelte und vierfache Frucht, bringt «fette Jahre», die die «mageren» ernähren können. Dort entsteht jedes Jahr von neuem Ägypten, «das Geschenk des Nils», wie es Herodot vor zweieinhalbtausend Jahren nannte, die «Kornkammer» des Altertums, die Rom hungern ließ, wenn die Wasser einmal zu niedrig gestanden oder die Flut zu hoch gegangen war.

In dieser Landschaft nun, jetzt überragt von gleißenden Kuppeln und zerbrechlichen Minaretts, in den Städten durchwogt von Menschen von hundert Rassen und Farben, von Fellachen, Arabern, Nubiern, Berbern, Kopten, Beduinen, Negern, durchgellt von tausend verschiedenen Zungen, erhoben sich, Gruß einer anderen Welt, die Trümmer von Tempeln, Gräbern, Säulensälen. Dort erhoben sich die Pyramiden – siebenundsechzig hinterließen ihre Spuren allein auf dem Felde von Kairo – in schattenloser Wüste, aufgereiht am «Exerzierplatz der Sonne», die ungeheuren Grüfte der Könige, eine allein errichtet aus zweieinhalb Millionen Steinblöcken, zusammengetragen von mehr als hunderttausend Sklaven im Verlauf von zwanzig Jahren.

Dort lagerte einer der Sphinxe, halb Mensch, halb Tier, eingerissen die Löwenmähne, Löcher nur noch die Nase und die Augen, nachdem die Mamelucken seinen Kopf als Zielscheibe für ihre Kanonen genommen hatten, ausruhend seit Jahrtausenden, breit hingelagert für neue Ewigkeiten, so mächtig in den Maßen, daß ein Thutmosis, träumend, daß ihm der Thron dafür geschenkt würde, eine Kapelle zwischen seinen Pranken errichten konnte.

Und dort erhoben sich nadelscharf die Obelisken, Torhüter der Tempel, Finger in der Wüste, aufgereckt bis zu achtundzwanzig Meter Höhe, zu Ehren von Königen und Göttern. Und es fanden sich außerdem Grottentempel und Höhlentempel, Statuen vom «Dorfschulzen» bis zum Pharao, Sarkophage, Säulen und Pylonen, Skulpturen aller Art, Reliefs und Malereien. In unendlichen Reihenprozessionen marschierten die Menschen auf, die einst das Reich beherrscht – starr ausgerichtet, Größe atmend in jeder Bewegung, stets profiliert, einem Ziele zustrebend – «das Leben der Ägypter bestand in der Wanderung zum Tode»; so sehr ist diese Zielstrebigkeit in den ägyptischen Wandreliefs betont, daß «der Weg» von einem modernen Kulturphilosophen zum ägyptischen Ursymbol erklärt werden konnte, ebenbürtig in seiner Bedeutungstiefe dem abendländischen «Raum», dem griechischen «Körper». Und all dies in diesem ungeheuersten Denkmälerfriedhof, den unsere Erde birgt, war bedeckt mit Hieroglyphen. Mit Zeichen, Bildern, Umrissen, Andeutungen, Chiffren, geheimnisvoll, rätselhaft; mit Symbolismen von Menschen, Tieren, Fabelwesen, Pflanzen, Früchten, Geräten, Kleidungsstücken, Flechtwerk, Waffen, geometrischen Figuren, Wellenlinien und Flammen. Sie fanden sich auf Holz, auf Stein und auf unzähligen Papyri. Sie zeigten sich auf Tempelwänden, in den Kammern der Gräber, auf den Gedenktafeln, auf Särgen, Stelen, Statuen, Götterbildern, Kästen und Gefäßen, ja selbst Schreibzeuge und Stöcke trugen hieroglyphische Zeichen. Die Ägypter schienen das schreibseligste aller alten Völker gewesen zu sein. «Wollte jemand die Inschriften des Tempels von Edfu abschreiben und schriebe vom Morgen bis zum Abend, er würde in zwanzig Jahren nicht damit fertig!»

Diese Welt öffnete die «Description» dem Blick Europas, dem forschenden Abendland, das zum Aufbruch in die Vergangenheit angetreten war, das auf Anregung Carolines, der Schwester Napoleons, mit neuem Eifer in Pompeji grub, und dessen Gelehrte von Winckelmann die ersten Methoden archäologischer Forschung und Betrachtungsweise gelernt hatten und begierig waren, sie zu erproben.

Nun aber, nach soviel auf die «Description» gehäuftem Lobe, ist es an der Zeit, eine Einschränkung zu machen: Zwar war das Material, das sie ausbreitete in Beschreibung, Zeichnungen und Kopien, reichhaltig. Aber da, wo sie das alte Ägypten zeigte, begnügte sie sich mit dem Zeigen. Meistens erklärten die Herausgeber gar nichts, weil sie kei-

Tempelfassade von Edfu

ne Erklärung wußten, und wo sie doch erklärten, da taten sie es falsch!

Denn alle Denkmäler, die sie vorführten, blieben stumm. Alle Ordnung, die sie versuchten, war eine erfühlte und keine bewußte. Unlesbar waren die Hieroglyphen, undeutbar waren alle Zeichen, fremd war die Sprache! Die «Description» führte eine ganz neue Welt vor; und diese ganze neue Welt war in ihrem Zusammenhang, in ihrer Ordnung, in ihrer Bedeutung ein vollkommenes Rätsel.

Was alles würde man erfahren, wenn es jemandem gelingen könnte, die Hieroglyphen lesbar zu machen! Aber war das möglich? De Sacy, der große Orientalist zu Paris, erklärte: «Das Problem ist zu verwickelt und wissenschaftlich unlösbar!» Andererseits: Hatte nicht soeben ein kleiner deutscher Schulmann aus Göttingen, Grotefend mit Namen, eine schmale Schrift herausgegeben, die den Weg zur Entzifferung der Keilschriften von Persepolis wies, und hatte er nicht bereits erste Ergebnisse seiner Dechiffrierung vorgelegt? Und hatte nicht Grotefend außerordentlich wenig Material besessen, während hier unzählige hieroglyphische Inschriften offen und klar zutage lagen? Und war nicht von einem Soldaten Napoleons eine merkwürdige schwarze Basalttafel gefunden worden, von der nicht nur die Gelehrten, die ihrer ansichtig geworden, sondern bereits die Zeitung, die die erste Nachricht darüber gebracht, behauptet hatten, daß in ihr der Schlüssel zur Entzifferung der Hieroglyphen durch einen glücklichen Zufall gegeben sei? Wo war der Mann, der diese Tafel zu nutzen wußte?

Kurz nach dem Fund war in der Zeitung «Courier de l'Égypte» unter dem revolutionären Datum «Le 29 fructidor, VIIe année de la République. Rosette, le 2 fructidor an 7» ein Bericht darüber erschienen. Und ein seltsam anmutender Zufall brachte diese in Ägypten erschienene Zeitung in das Vaterhaus des Mannes, der, in einer genialen Arbeit sondergleichen, zwanzig Jahre später die Inschriften der schwarzen Tafel lesen und damit das Rätsel der Hieroglyphen lösen sollte.

2. Kapitel

Champollion und der Dreisprachenstein

Als Dr. Gall, der berühmte Phrenologe, zur Popularisierung seiner Schädellehre von Ort zu Ort zog, bewundert, geschmäht, verehrt, begeifert, da wurde ihm in Paris, auf einer Gesellschaft, ein blutjunger Student vorgestellt. Gall, sofort den Schädel des Gegenübers mit den Blicken messend, rief überwältigt: «Ah, welch ein Sprachgenie!» Der Sechzehnjährige, den Gall vor sich hatte, beherrschte damals – wovon der Schädeldoktor keine Ahnung haben konnte (oder war der Ausruf eine seiner gut vorbereiteten Scharlatanerien?) – außer Latein und Griechisch bereits ein halbes Dutzend orientalischer Sprachen.

Es hat sich im 19. Jahrhundert eine Art der biographischen Darstellung eingebürgert, die mit Eifer ausgrub, daß der dreijährige Descartes vor einer Euklid-Büste «Ha!» gerufen hatte, und die Goethes Wäscherechnungen sammelte, um auch noch in der Gruppierung von Jabots und Manschetten die Klaue des Genies nachzuweisen.

Das erste Beispiel zeigt nur einen methodischen Unfug auf, und das zweite kann eine Albernheit sein. Aus diesen Quellen aber speisen sich die Anekdoten, und was wäre gegen Anekdoten vorzubringen? Selbst die Geschichte vom dreijährigen Descartes ist ein Feuilleton wert, geschrieben auf dem weichen Boden der leichten Nachdenklichkeiten, unter Ausschaltung derer, die vierundzwanzig Stunden am Tage nur ernsthaft sind. Also wollen wir uns nicht scheuen, von Champollions wundersamer Geburt zu berichten.

Mitte des Jahres 1790 ließ der Buchhändler Jacques Champollion in dem kleinen Orte Figeac in Frankreich plötzlich, nachdem alle Ärzte ihr Unvermögen eingestanden hatten, an das Bett seiner völlig gelähmten Frau den «Zauberer» Jacqou rufen. Figeac liegt in der Dauphiné, im Südosten Frankreichs, in der «Provinz der sieben Wunder», einem der schönsten Länder im Lande, wo Gott ohnehin schon wohnt, bevölkert von einem harten konservativen Menschenschlag, schwer aus der Lethargie zu rütteln, doch, einmal erwacht, zu überschwemmendem Fanatismus bereit; dabei streng katholisch und leicht hingegeben dem Mystisch-Wunderbaren.

Der Zauberer ließ die Kranke – und dies und das Folgende berichten mehrere Zeugnisse – auf erhitzte Kräuter legen, ließ sie heiße Weine trinken, kündigte sofortige Genesung an und prophezeite (was die Familie außerordentlich überraschte) die Geburt eines Knaben, der, jetzt noch im Mutterleibe, einst Ruhm ernten solle, der Jahrhunderte überdauern würde!

Am dritten Tage erhob sich die Kranke. Am 23. Dezember 1790, morgens um 2 Uhr, wurde Jean-François Champollion geboren, der spätere Entzifferer der Hieroglyphen. Und beide Prophezeiungen hatten sich erfüllt.

Wenn vom Teufel gezeugte Kinder einen Pferdefuß haben, so überrascht es nicht, mindere Merkmale dort zu finden, wo ein Zauberer die Hand im Spiele hatte. Der Arzt konstatierte nach Untersuchungen des jungen François mit viel Erstaunen, daß er eine gelbe Hornhaut besaß, was sonst nur dem Orientalen eigen und bei einem Mitteleuropäer eine Kuriosität ersten Ranges bildet. Darüber hinaus hatte er einen ungewöhnlich dunklen, fast braunen Teint, und auch der ganze Schnitt seines Gesichtes war ausgesprochen orientalisch. Zwanzig Jahre später nannte man ihn allgemein den «Ägypter».

Er war ein Kind der Revolution. Im September 1792 war in Figeac die Republik verkündet worden. Vom April 1793 an herrschte die Schreckenszeit. Champollions Vaterhaus stand dreißig Schritte von der Place d'Armes (die später seinen Namen tragen sollte), auf dem der Freiheitsbaum gepflanzt wurde. Das erste, was er bewußt hörte, war die rauschende Musik der Carmagnole und das Weinen derer, die in seinem Vaterhaus Schutz suchten vor entfesseltem Pöbel, darunter ein Priester, der sein erster Lehrer wurde.

Fünf Jahre alt ist er – notiert ein gerührter Biograph –, als er sein erstes Entzifferungswerk durchführt, indem er dadurch, daß er Auswendiggelerntes mit Gedrucktem vergleicht, sich selber das Lesen beibringt. Knapp das siebente Jahr hat er erreicht, als er zum erstenmal das zauberische Wort «Ägypten» hört, «im trügerischen Glanz einer Fata Morgana», denn der Plan des zwölf Jahre älteren Bruders Jacques-Joseph, an der ägyptischen Expedition teilzunehmen, zerschlägt sich.

Er ist, so berichten Zeugnisse und Aussagen, ein schlechter Schüler in Figeac. Deshalb holte ihn im Jahre 1801 sein Bruder, ein begabter Philologe, archäologisch sehr interessiert, nach Grenoble und übernimmt seine Erziehung. Als der elfjährige François sehr bald im Lateinischen und Griechischen ganz ungewöhnliche Kenntnisse zeigt und sich mit erstaunlichem Erfolg der Erlernung des Hebräischen zu widmen beginnt, beschließt sein Bruder, obwohl selber von glänzenden Gaben, im Hinblick auf das, was der jüngere für den Familiennamen einst leisten wird, sich selber mit Bescheidenheit nur Champollion-Figeac, später sogar nur noch Figeac zu nennen. Und im selben Jahre unterhielt sich Fourier mit dem jungen François. Fourier hatte den ägyptischen Feldzug mitgemacht, war berühmter Physiker und Mathematiker, war Sekretär des «Ägyptischen Instituts» in Kairo, französischer Kommissar bei der ägyptischen Regierung, Chef der Gerichtsbarkeit und die Seele der wissenschaftlichen Kommission gewesen. Jetzt war er Präfekt des Isère-Départements geworden, nahm Wohnung in Grenoble und versammelte sofort einen Kreis erlauchtester Geister um sich. Während einer Schulinspektion kommt er mit François in eine Debatte, merkt auf, lädt ihn zu sich und zeigt dem Kinde seine ägyptische Sammlung. Der dunkle Knabe blickt verzaubert auf die ersten Papyrusfragmente, sieht fasziniert die ersten hieroglyphischen Inschriften auf Steintafeln. «Kann man das lesen?» fragt er. Fourier schüttelt den Kopf. «Ich werde es lesen!» sagt der kleine Champollion, völlig überzeugt, (später erzählt er oft diese Geschichte). «In ein paar Jahren werde ich es lesen! Wenn ich groß bin!»

Erinnert das nicht an den anderen Knaben, der zu seinem Vater sagte: «Ich werde Troja finden»? Ebenso überzeugt, von ebenso traumwandlerischer Sicherheit? Aber auf welch verschiedenen Wegen, mit welch grundverschiedenen Methoden gingen sie an die Verwirklichung ihres Knabentraums! Schliemann als reiner Autodidakt, Champollion nicht eine Sekunde abweichend vom vorgezeichneten Weg wissenschaftlicher Ausbildung (diesen Weg allerdings mit einer Schnelligkeit zurücklegend, die alle Studiengenossen überholte), Schliemann, als er sein Werk beginnt, bar jeder fachlichen Grundlage, Champollion mit dem Rüstzeug allen Wissens, das ihm sein Jahrhundert zur Verfügung stellen konnte.

Für die Ausbildung sorgte der Bruder. Er suchte den ungeheuren, alles an sich raffenden Wissensdurst des Knaben zu zügeln. Ohne Erfolg. Champollion suchte die entlegensten Gefilde der Gelehrsamkeit auf und trieb Quergänge in alle Berge des Wissens. Mit zwölf Jahren verfaßte er sein erstes Buch mit dem höchst merkwürdigen Thema «Geschichte berühmter Hunde». Und der Mangel an geordneten Geschichtsüberblicken, der ihn in seiner Arbeit hinderte, läßt ihn eine historische Tabelle entwerfen: «Chronologie von Adam bis Champollion dem Jüngeren». (Der ältere Bruder hatte seinen Namen aufgegeben, weil er spürte, wer einst den größeren Schatten werfen würde. Champollion nennt sich «der Jüngere», indirekt auf seinen Bruder hinweisend.)

Mit dreizehn Jahren beginnt er Arabisch, Syrisch, Chaldäisch und dann Koptisch zu lernen. Und dabei ist eines bemerkenswert: Alles, was er lernt, was er tut, was ihm zufliegt, steht im Bannkreis Ägyptens! Womit auch immer er sich beschäftigt, unvermutet gerät es ihm zu einem ägyptischen Problem. Er befaßt sich mit dem Altchinesischen, nur um zu versuchen, die Verwandtschaft mit dem Altägyptischen zu beweisen! Er studiert Zend-, Pahlavi- und Parsi-Textproben, die entlegensten Sprachen, das entlegenste Material, das nur Fouriers Name nach Grenoble gelangen läßt, er rafft zusammen, was sich ihm bietet, und entwirft im Sommer 1807, als Siebzehnjähriger, die erste historische Karte Ägyptens, die erste Karte des Reichs der Pharaonen.

Die Kühnheit dieses Tuns ist nur zu verstehen, wenn man sich vergegenwärtigt, daß keine anderen Grundlagen dafür vorhanden waren als Bibelstellen, meist verstümmelte lateinische, arabische, hebräische Texte, und Vergleiche mit dem Koptischen, der einzigen Sprache, die vielleicht tatsächlich als Brücke zum alten Ägyptisch dienen konnte und die bekannt war, weil sie noch bis ins 17. Jahrhundert unserer Zeitrechnung in Oberägypten gesprochen worden war.

Gleichzeitig trägt er Material zusammen für ein Buch. Er hat beschlossen, nach Paris zu gehen. Aber die Grenobler Akademie wünscht eine Abschlußarbeit. Die Herren dachten an die Ausarbeitung der üblichen Rede, an eine rhetorische Leistung. Champollion entwirft das Buch «Ägypten unter den Pharaonen».

Am 1. September 1807 liest er die Einleitung. Ein schlanker Jüngling, hochaufgerichtet, von der hektischen Schönheit aller Frühreifen, so steht er vor der Akademie. Was er spricht, ist formuliert in kühnen Thesen, vorgetragen mit zwingender Logik. Die Wirkung ist außerordentlich. Einstimmig wird der Siebzehnjährige zum Mitglied der Akademie ernannt. Renauldon, der Präsident, erhebt sich, schließt ihn in die Arme: «Wenn die Akademie Sie trotz Ihrer Jugend zu ihrem Mitgliede ernennt, so hat sie das, was Sie getan haben, im Auge. Aber mehr noch zählt sie auf das, was Sie noch zu tun vermögen! Sie ist überzeugt, daß Sie ihre Hoffnungen rechtfertigen werden und daß Sie eines Tages, wenn Ihre Arbeiten Ihnen einen Namen gemacht haben werden, sich daran erinnern, von ihr die ersten Ermutigungen erhalten zu haben.»

Über Nacht ist Champollion vom Schüler zum Akademiker geworden.

Als er das Schulgebäude verläßt, wird er bewußtlos. Er ist in dieser Zeit hypersensibel, ein Sanguiniker mit vorherrschend elegischem Einschlag, geistig nicht nur hoch entwickelt, sondern von vielen bereits öffentlich als Genie bezeichnet, aber auch körperlich seinen Jahren voraus. (Als er, nachdem er die Schulbank verlassen hat, zu heiraten beschließt, so ist das mehr als erste Schülerschwärmerei.) Er weiß, daß ein neuer Lebensabschnitt vor ihm liegt. Er sieht eine ungeheure Stadt vor sich, Zentrum Europas, Schnittpunkt von Geist, Politik und Abenteuer. Als sich der schwerfällige Wagen, in dem er sich mit seinem Bruder siebzig Stunden lang durchrütteln lassen muß, Paris nähert, hat er lange nachgedacht, geschüttelt zwischen Traum und Wirklichkeit, umflattert von vergilbten Papyri, umklungen von Worten aus einem Dutzend Sprachen, bedrückt von Steinen voller Hieroglyphen, darunter dem geheimnisvollen, schwarzbasaltenen, dem von Rosette, den er vor Tagen zum erstenmal sah, beim Abschied von Fourier, und dessen Inschriften ihn verfolgen.

Und da – und auch das ist authentisch – beugt er sich plötzlich zum Bruder, spricht laut weiter, was er dachte, was er insgeheim stets hoffte und nun plötzlich weiß, und in seinem braunen Gesicht glühen die dunklen Augen: «Ich werde die Hieroglyphen entziffern!» sagt er. «Ich weiß es!»

Als Finder des Rosettesteins wird Dhautpoul genannt. Aber Dhautpoul war lediglich Chef der Genietruppen, Chef des Mannes, der ihn wirklich fand. Andere Quellen nennen stets Bouchard. Aber Bouchard war nur der Offizier, der die Befestigungsarbeiten bei dem verfallenen Fort de Rachid, damals schon Fort Julien genannt, 7,5 Kilometer nordwestlich von Rosette am Nil, leitete und später den Transport des Steins nach Kairo übernahm.

Der wirkliche Finder ist ein unbekannter Soldat. Wir werden nicht mehr erfahren, ob er von zufälligem Bildungsgrad her den Wert des Fundes erkannte, als seine Spitzhacke auf den Stein stieß, oder ob er einfach vorm Anblick dieser Platte, über und über bedeckt mit geheimnisvollen Zeichen, in das Geschrei des Naiven ausbrach, der sich fürchtet, magischem Bannkreis zu verfallen.

Der Stein, der so unvermutet aus den Trümmern der Festung stieg, war so groß wie eine Tischplatte, feinkörnig, «hammerhart», aus schwarzem Basalt. Die eine Seite war poliert. Sie zeigte drei Inschriften, drei Kolumnen, zum Teil verwittert und auch verwischt durch die Reibung der Sandkörner, die zwei Jahrtausende auf ihr lagerten. Und von diesen drei Inschriften war die erste, mit vierzehn Linien, hieroglyphisch, die zweite, mit zweiundzwanzig Linien, demotisch und die dritte, mit vierundfünfzig Linien, griechisch.

Griechisch! Also lesbar. Also verständlich.

Ein General Napoleons, Hellenist aus Passion, begann sofort die Übertragung. Es handelte sich, stellte er fest, um eine Widmung der Priesterschaft von Memphis, die Ptolemäus V. im Jahre 196 v. Chr. für empfangene Wohltaten pries.

Mit allen anderen Beutestücken Frankreichs gelangte die Tafel nach der Kapitulation Alexandriens ins «Britische Museum» Londons. Aber die «Kommission» hatte, wie auch von allen anderen Stücken, Abgüsse und Kopien hergestellt. Sie kamen nach Paris, die Gelehrten eilten herbei und begannen zu vergleichen. –

Zu vergleichen – denn was lag näher, als allein schon aus der Anordnung der Kolumnen zu schließen, daß sie den gleichen Text enthielten? Schon der «Courrier de l'Égypte» hatte es angedeutet, schon er hatte davon gesprochen, daß hier der Schlüssel zum Tor des toten Reiches läge, hier die Möglichkeit verborgen sei, «Ägypten durch die Ägypter zu erklären». Konnte es nach der Übersetzung der griechischen Inschrift noch große Schwierigkeiten machen, die hieroglyphischen Zeichen festzulegen, die den griechischen Wörtern, Begriffen und Namen entsprachen?

Die besten Köpfe der Zeit bemühten sich. Nicht nur in Frankreich. Auch in England (vorm Original des Steins), in Deutschland, in Italien. Vergebens! Denn samt und sonders gingen sie von einer falschen Voraussetzung aus. Samt und sonders lebten sie über die Hieroglyphen in Vorstellungen, die zum Teil bis auf Herodot zurückgingen, und mit der unheimlichen Beharrlichkeit, die so vielen falschen Vorstellungen in der Geistesgeschichte der Menschheit eigen war, ihre Köpfe verblendeten. Es bedurfte, um hinter das Geheimnis der Hieroglyphen zu kommen, einer geradezu kopernikanischen Wendung, eines Einfalls, der, ausbrechend aus allen bisherigen Bahnen der Tradition, das Dunkel erleuchten mußte wie ein Blitzstrahl.

Als der siebzehnjährige Champollion, von seinem Bruder eingeführt, vor De Sacy erschien, seinem künftigen Lehrer, dem kleinen unscheinbaren Mann, doch bekannt weit über Frankreichs Grenzen hinaus, war er weder scheu noch befangen, und wie einst als Elfjähriger vor Fourier in Grenoble bezauberte er auch hier.

De Sacy war mißtrauisch. Er, der Neunundvierzigjährige auf der Höhe des Wissens seiner Zeit, sah einen Jüngling vor sich, der mit ungeheurer Kühnheit in dem Buche «Ägypten unter den Pharaonen» einen Plan in Angriff genommen hatte, von dem er selber erklärt hatte, daß die Zeit noch nicht reif sei, ihn zu verwirklichen. Aber was sagt er später, in der Erinnerung an diese erste Begegnung? Da spricht er, der Weise, von den «tiefen Eindrücken», die er empfangen habe! Ist es ein Wunder? Das Buch, von dem De Sacy nur die Einführung zu sehen bekam, war um die Jahreswende fast völlig fertig. Dem Siebzehnjährigen also gebührt bereits die Anerkennung, die ihm sieben Jahre später, nach der Publikation, so reich zuteil wurde.

Champollion stürzt sich ins Studium. Völlig ablehnend gegenüber allen Anfechtungen der Weltstadt Paris vergräbt er sich in die Bibliotheken, läuft von Institut zu Institut, hat hundert Aufträge der Grenobler Gelehrten zu erfüllen, die ihn mit Briefen überschütten, studiert Sanskrit, Arabisch und Persisch (das «Italienisch des Orients», wie De Sacy es nennt), die Muttersprache fast aller andern orientalischen Idiome, und zwischendurch schreibt er seinem Bruder um eine chinesische Grammatik – «zur Zerstreuung»!

Er fühlt sich so in den Geist des Arabischen ein, daß sich seine Stimme verändert, daß in einer Gesellschaft sich ein Araber vor ihm verbeugt, ihn für seinesgleichen hält und beginnt, sein Salamât zu machen. Seine Kenntnis Ägyptens vertieft sich rein vom Studium her so weit, daß der damals berühmteste Afrikareisende Somini de Manencourt nach einer Unterhaltung überrascht ausruft: «Er kennt die Länder, die wir besprechen, ebenso gut wie ich selber!»

Nur ein Jahr später spricht und schreibt er das Koptische so gut («Ich spreche koptisch zu mir selber ...»), daß er zu seiner Übung allerlei private Abhandlungen auf koptisch, in demotischen Schriftzeichen, niederlegt. Und vierzig Jahre darauf passiert der tolle Schildbürgerstreich, daß ein Gelehrter einen solchen Text als ägyptisches Original aus der Zeit der Antonine veröffentlicht und scharfsinnig kommentiert – ein französisches Gegenstück zu Beringers deutschem Buch über die Versteinerungen!

Dabei geht es ihm schlecht, bitter schlecht. Wäre der Bruder nicht, der ihn in selbstlosester Weise unterstützt, müßte er verhungern. Er wohnt in einem kümmerlichen Zimmer nahe dem Louvre, für das er achtzehn Francs Miete zahlt. Er bleibt sie schuldig, schreibt Bittbriefe an den Bruder, beschwört ihn, ist ratlos, kann nicht haushalten, verfällt aber in Bestürzung, als ihm Figeac mitteilt, daß er gezwungen sei, seine Bibliothek zu verpfänden, wenn sich François nicht einschränke. Einschränken? Noch mehr? Seine Schuhsohlen sind durchgelaufen. Sein Rock ist zerschlissen. Schließlich schämt er sich, in Gesellschaft zu erscheinen. Er erkrankt und legt in der Kälte und Nässe eines ungewöhnlich harten Pariser Winters die Keime zu dem Übel, an dem er sterben soll. Zwei kleine Erfolge halten ihn aufrecht.

Der Kaiser braucht Soldaten. Im Jahre 1808 erfolgt die generelle Aushebung aller Männer bis hinab zum sechzehnten Lebensjahr. Champollion überfällt Entsetzen. All sein Wesen sperrt sich gegen den Zwang; er, der die stärkste Disziplin des Geistes wahrt, erschauert, wenn er die Kader der Garden erblickt, einer stupiden Disziplin unterworfen, die jeden Geist nivelliert. Hatte nicht schon Winckelmann unter den Drohungen eines Militarismus gelitten? «Es gibt Tage», schreibt François verzweifelt an Figeac, «wo ich den Kopf verliere!»

Der Bruder, der immer half, hilft auch hier. Er macht die Freunde mobil, macht Eingaben, schreibt unzählige Briefe – und Champollion darf weiterstudieren, darf sich in einer Zeit, die dem Waffenrausch verfallen ist, toten Sprachen widmen.

Das zweite aber, was ihn beschäftigt, nein, was ihn jetzt so zu faszinieren beginnt, daß er zeitweise sogar der drohenden Gefahr seiner Militarisierung vergißt, ist das Studium des Steins von Rosette. Denn seltsam: Genau wie später Schliemann, der bereits alle europäischen Sprachen spricht und schreibt und allein vor der Erlernung des Altgriechischen, dem doch seine ganze Sehnsucht gilt, immer wieder zögert, weil er ahnt, daß er, dies letzte Studium einmal beginnend, ihm restlos verfallen wird – genauso kreiste Champollions Denken immer wieder um den Dreisprachenstein, kreiste auf den Windungen einer Spirale sozusagen, die sich immer enger um das Objekt allen Trachtens wand, doch je mehr er sich dem Objekte näherte, desto langsamer, desto zögernder wurde er in seiner Bewegung, weil dem Drange, das große Problem nur wohlvorbereitet, ausgerüstet mit allem Wissen der Zeit, in Angriff zu nehmen, immer noch nicht genügt schien.

Jetzt aber, ganz plötzlich vor eine neue, in London verfertigte Kopie der Rosettana gestellt, kann er sich nicht mehr bezähmen. Zwar beginnt er auch diesmal noch nicht mit der eigentlichen Entzifferung – er begnügt sich mit einem Vergleich der Rosettana mit einem Papyrus –, aber es gelingt ihm auf Anhieb, aus dem schwarzen Stein «für eine ganze Reihe von Buchstaben die richtigen Werte selbständig zu finden». – «Ich unterbreite Dir meinen ersten Schritt!» schreibt er am 30. August 1808, ein Achtzehnjähriger, an seinen Bruder. Und hinter der Bescheidenheit, mit der er seine Methode erläutert, bricht zum erstenmal der Stolz des jungen Entdeckers hervor.

Und in diesem Augenblick, da er den ersten Schritt getan hat, da er sich auf dem rechten Wege weiß zum Erfolg und zum Ruhm, da erhält er eine Nachricht, die ihm wie ein Blitzstrahl vor die Füße fährt. Nichts anderes hatte er zwischen sich und dem Ziel gesehen als Arbeit, Mühsal, Entbehrung. Zu all dem bereit, war er vorangeschritten. Da kommt die Nachricht, die alles, was er bisher tat, aber auch das, was er glaubte, hoffte und bereits wußte, sinnlos erscheinen läßt: Die Hieroglyphen sind entziffert!

Aus einem ganz anderen Gebiet des menschlichen Forschens und Mühens, dem jahrzehntelangen Kampf um die Eroberung des Südpols, wird eine Geschichte berichtet, die in mehr dramatischer, augenfälligerer Art und Weise einen Augenblick schildert, der genau dem entspricht, da Champollion erfährt, daß ihm ein anderer zuvorgekommen ist. Da ist unter entsetzlichen Mühseligkeiten der Kapitän Scott mit ein paar Männern, ein paar Schlitten und ein paar Hunden dem Pol nahe gekommen. Und da sieht er, halb geblendet vor Hunger und Erschöpfung, doch mit dem unbändigen Stolz, der erste am Pol zu sein, auf dem weißen endlosen Schneefeld, das jungfräulich sein sollte, plötzlich eine Fahne! Die Fahne Amundsens!

Wie gesagt, dies Beispiel ist dramatischer, denn hinter ihm stand der weiße Tod. Aber wird das Gefühl des Jünglings Champollion anders gewesen sein als das des Kapitäns Scott? Und es ist kein Trost, daß das, was ihm geschah, Dutzenden widerfuhr im Jahrhundert der gleichzeitigen Entdeckungen. Sie alle werden gefühlt haben, was Scott fühlte im Anblick der Fahne.

Hatte Champollion aber die Nachricht getroffen wie ein Blitz, so war auch ihre Wirkung so: vorübergehend. Amundsens Fahne stand fest und zeugte von seinem Sieg. Nicht fest aber stand die Entzifferung der Hieroglyphen.

Champollion erfuhr die Nachricht auf der Straße. Auf dem Wege ins Collège de France. Ein Freund erzählt sie ihm, atemlos, nicht ahnend, womit Champollion seit Jahr und Tag rang, wovon er träumte, woran er sich entzündete, woran er gearbeitet hatte in unzähligen Tagen und Nächten, wofür er darbte, hungerte, sich demütigte. Er ist erschreckt, als Champollion wankt, sich schwer auf ihn stützt.

«Alexandre Lenoir!» sagt der Freund. «Soeben erschien sein Werk, eine Broschüre nur. Die ‹Nouvelle Explication›, die völlige Entzifferung der Hieroglyphen! Denke, was das bedeutet!»

Wem sagt er das!

«Lenoir?» fragt Champollion. Er schüttelt den Kopf. Dann glimmt ein Hoffnungsfunke in ihm. Gestern hat er Lenoir gesehen. Er kennt ihn seit einem Jahr, Lenoir ist ein angesehener Wissenschaftler, aber beileibe kein Genie. «Es ist unmöglich!» sagt er. «Niemand hat davon gesprochen. Selbst Lenoir hat kein Wort davon gesagt!»

«Das erstaunt dich?» fragt der Freund. «Wer verrät solche Entdeckung vor der Zeit?»

Champollion reißt sich plötzlich los. «Wer ist der Buchhändler?» Er stürmt davon. Mit zitternden Händen zahlt er Francstücke auf einen staubigen Ladentisch; nur wenige Exemplare von der Broschüre sind verkauft. Nun jagt er nach Hause, wirft sich auf das verschlissene Kanapee, beginnt zu lesen. –

Und dann stellt in der Küche die Witwe Mécran plötzlich die Töpfe auf den Tisch: aus dem Zimmer ihres Mieters dringt ein höllischer Lärm. Sie lauscht entsetzt, dann läuft sie hinüber, öffnet die Tür. Dort liegt François

Champollion auf dem Kanapee, sein Körper bäumt sich, aus seinem Munde brechen unartikulierte Laute, aber er lacht, kein Zweifel, er schüttelt sich in einem ungeheuren hysterischen Gelächter.

In der Hand hat er das Buch Lenoirs. Entzifferung der Hieroglyphen? Hier hat einer die Fahne zu früh gepflanzt! Champollion weiß genug von den Möglichkeiten, um beurteilen zu können, daß alles, was Lenoir hier behauptet, barer Unsinn ist, freie Erfindung, abenteuerliche Mischung aus Phantasie und einer Gelehrsamkeit auf falschem Wege.

Doch der Schlag war furchtbar. Er wird ihn nicht vergessen. Seine Erschütterung hat ihm gezeigt, wieweit er bereits innerlich mit der Aufgabe, die toten Bilder reden zu machen, verwachsen ist. Als er erschöpft einschläft, hetzen ihn wilde Träume. Aus dem Rausch der Phantasmagorien reden die ägyptischen Stimmen. Und der Traum macht ihm deutlich, was ihm die Praxis beschwerlichen Lebens oftmals verwischte: daß er ein Besessener ist, ein von den Hieroglyphen Behexter, ein manisch Fixierter.

Alle seine Träume münden in den Erfolg. Dieser Erfolg dünkt ihn greifbar. Als er sich ruhelos wälzt, weiß der Achtzehnjährige nicht, daß ihn noch mehr als ein Dutzend Jahre von der Erreichung seines Ziels trennen! Er ahnt nichts davon, daß Rückschlag auf Rückschlag kommen wird und daß er, der nichts im Sinne hat als die Hieroglyphen und das Land der Pharaonen, eines Tages als Hochverräter in die Verbannung gehen wird.

3. Kapitel

Ein Hochverräter entziffert die Hieroglyphen

Als zwölfjähriger Knabe, beim Studium des Alten Testaments im Urtext, hatte sich Champollion in einem Aufsatz über die republikanische Staatsform als die einzig vernünftige erklärt. Aufgewachsen in den geistigen Strömungen, die das Jahrhundert der Aufklärung vorbereitet und die Große Revolution ausgelöst hatte, litt er unter dem neuen Despotismus, der sich in Edikten und Dekreten einschlich und mit Napoleons Kaiserkrönung offen sein Antlitz zeigte. Anders als der Bruder, der Napoleons Zauber verfiel, blieb er kritisch bei allen Erfolgen und folgte auch in Gedanken nicht dem Siegeszug der französischen Adler.

Seine politische Entwicklung zu verfolgen, ist hier nicht der Ort. Doch soll es verschwiegen werden, daß ein Ägyptologe es war, der, unbändigem Freiheitsdrang folgend, mit der Fahne in der Faust die Zitadelle von Grenoble eroberte? Daß Champollion, der unter Napoleons hartem Regime litt, die Bourbonen nicht mochte, mit eigener Hand dennoch das Lilienbanner von der Turmspitze der Zitadelle holte und die Trikolore hißte, dieselbe Fahne, die den Bonapartisten anderthalb Jahrzehnte durch ganz Europa vorangeflattert war und ihm jetzt als Symbol neuer Freiheit galt?

Champollion war wieder in Grenoble. Vom 10. Juli 1809 datiert seine Ernennung zum Geschichtsprofessor an der Universität. Also stand er mit neunzehn Jahren als Professor dort, wo er einst als Schüler gelauscht hatte, und unter seinen Studenten waren junge Leute, die noch zwei Jahre zuvor mit ihm auf der Schulbank gesessen hatten. Nimmt es wunder, daß er angefeindet wurde, daß er in ein Netz von Intrigen geriet, das besonders fest gesponnen wurde von den älteren Professoren, die sich übergangen, übervorteilt, zurückgesetzt fühlten?

Und welche Ideen vertrat der junge Geschichtsprofessor! Er proklamierte den Drang nach Wahrheit als das höchste Ziel historischer Forschung, und er verstand die absolute Wahrheit darunter und nicht eine bonapartistische oder bourbonische. Und er forderte zu diesem Zweck die Freiheit der Wissenschaft, und er verstand auch darunter die absolute Freiheit und nicht eine solche, der Grenzen gesteckt waren durch Erlasse und Verbote und von der man Einsicht in Notwendigkeiten forderte, die von Machtansprüchen diktiert waren. Er forderte, was in den gärenden Köpfen der ersten Tage der Großen Revolution proklamiert und was seitdem verraten worden war von Jahr zu Jahr.

Deshalb war er ein Politiker, der notwendig mit den Tagesläuften in Konflikt geraten mußte. Niemals verrät er seine Ideen, aber oft wird er mutlos. Dann zitiert er dem Bruder, was ein anderer wahrscheinlich aus den Schlußworten von Voltaires «Candide» genommen hätte, was er aber, der Orientalist, aus einem der heiligen Bücher des Orients nimmt: «Mache Deine Felder urbar! Im Zend-Avesta heißt es, daß es besser sei, sechs Geviertspannen dürren Landes urbar zu machen, als vierundzwanzig Schlachten zu gewinnen, und ich bin ganz derselben Meinung!» Und verstrickt in immer mehr Intrigen, krank davon, durch üble Machenschaften der Kollegen auf ein Viertel des Gehaltes gesetzt, schreibt er wenig später: «Mein Los ist entschieden: arm wie Diogenes, will ich versuchen, eine Tonne zu kaufen und einen Sack für meine Bekleidung. Danach werde ich meinen Unterhalt von der wohlbekannten Großmut der Athener erhoffen.» Er schreibt Satiren gegen Napoleon. Doch als Napoleon endlich gestürzt ist, als am 19. April 1814 die Verbündeten in Grenoble einziehen, da fragt er mit skeptischer Bitterkeit, ob wohl nun, nachdem die Herrschaft des Despoten beseitigt wurde, die Herrschaft der Ideen wirklich beginnen könne? Und er zweifelt.

Aber übertönt jemals die Heftigkeit seiner Gefühle für die Freiheit des Volkes und der Wissenschaft seine Leidenschaft für das Studium Ägyptens? Er ist nach wie vor von einer ganz unglaublichen Fruchtbarkeit. Er tut Fernliegendes, Nebensächliches, erarbeitet sich ein koptisches Wörterbuch und schreibt gleichzeitig Theaterstücke für die Grenobler Salons, darunter ein Iphigenien-Drama. Er verfaßt Lieder, politisch gefärbte Chansons, die ihm vom Schreibtisch weg in den Mund der Leute auf der Gasse gehen, unfaßbares Tun etwa für deutsche gelehrte Fachleute, doch in Frankreich in der Tradition stehend, die im zwölften Jahrhundert mit Peter Abälard beginnt. Und er tut das, was ihm zentrale Lebensaufgabe bleibt: er gräbt sich immer tiefer ein in die Geheimnisse Ägyptens, das ihn nicht losläßt, ganz gleich, ob auf der Straße das «Vive l'Empereur!» erschallt oder das «Vive le Roi!» Er schreibt unzählige Aufsätze, bereitet Bücher vor, hilft anderen Autoren in aller Welt, lehrt, plagt sich mit mittelmäßigen Studenten. Das alles aber frißt und zerrt an seinen Nerven, seiner Gesundheit. Im Dezember 1816 schreibt er: «Mein koptisches Wörterbuch wird alle Tage dicker. Seinem Verfasser ergeht es umgekehrt.» Er stöhnt, als er auf Seite 1069 angekommen ist und das Werk immer noch nicht zum Abschluß kommen kann.

Und da kommen die «Hundert Tage», die Europa noch einmal aufseufzen lassen unter dem Zugriff Napoleons, die stürzen machen, was eben mühsam errichtet wurde, die die Verfolger zu Verfolgten stempeln, die Herrschenden wieder zu Untertanen, den König zu einem Flüchtling und die auch Champollion aus seiner Gelehrtenstube jagen: Napoleon kehrt zurück! In wahrhaft operettenhafter Steigerung, ihm Meilensteine der Verlogenheit setzend, schreiben die Zeitungen: «Der Unhold ist entwischt!» – «Der Werwolf ist bei Cannes gelandet!» – «Der Tyrann war in Lyon!» – «Der Usurpator steht sechzig Stunden vor der Hauptstadt!» – «Bonaparte kommt mit raschen Schritten!» – «Napoleon wird morgen unter unseren Mauern sein!» – «Seine Majestät ist in Fontainebleau!»

Am 7. März steht Napoleon auf seinem Zuge zur Hauptstadt vor Grenoble. Mit seiner Tabaksdose klopft er an das Tor. Es ist Nacht, Fackellicht umloht ihn. Eine weltgeschichtliche Opernszene. Denn eine schreckliche Minute lang steht Napoleon allein gegen die Kanonen auf den Wällen, auf denen die Kanoniere umeinanderhasten. Dann gellt der Schrei: «Es lebe Napoleon!» und »einzieht der Abenteurer, der Grenoble als Kaiser verläßt», denn Grenoble, das Herz der Dauphiné, ist die wichtigste Operationsbasis, die zu gewinnen war.

Figeac, der Bruder Champollions, einst schon vom Kaiser berauscht, verfällt ihm nun vollends. Napoleon verlangt einen Geheimsekretär. Der Bürgermeister führt ihm Figeac vor, buchstabiert ihm mit Absicht den Namen falsch: «Champoléon». «Welch ein gutes Omen», ruft der Kaiser aus, «er trägt die Hälfte meines Namens!» Auch Champollion selber ist zugegen. Napoleon fragt ihn nach seiner Arbeit, hört von der koptischen Grammatik, von dem Wörterbuch. Und während Champollion kühl bleibt (er verkehrt seit seinem zwölften Jahre mit Herrschern, die den Göttern näherstanden als Napoleon), ist der Kaiser fasziniert von dem jungen Gelehrten, unterhält sich lange mit ihm, verspricht ihm in imperatorischer Laune, die beiden Werke in Paris drucken zu lassen. Nicht genug damit, am andern Tage besucht er ihn in der Bibliothek, kommt immer wieder auf seine Sprachstudien zurück – und das alles in Tagen und Stunden, da er auf dem Wege ist, sein Weltreich neu zu erobern. Zwei Eroberer Ägyptens stehen sich hier gegenüber. Der eine, der das Land am Nil in seine globalpolitischen Pläne einbezog und es neu erstehen lassen wollte (tausend Schleusen wollte er damals bauen, um die wirtschaftliche Rentabilität für alle Zeiten zu sichern) und der jetzt, aufs neue entflammt, Näheres vom Koptischen hörend, sofort beschließt, das Koptische zur neuen einheitlichen Volkssprache zu erheben. Und der andere, der Ägypten noch nie gesehen hat, doch das alte Versunkene tausendmal schon im Geiste erschaute und es später erobern wird durch die Kraft seines Wissens und seines Verstandes.

Aber Napoleons Tage sind gezählt. Jäh wie sein zweiter Aufstieg ist auch sein zweiter Zusammenbruch. Elba war ihm Ausflugsort, St. Helena wird ihm Sterbelager. – Wieder ziehen die Bourbonen in Paris ein. Sie sind nicht stark, sie sind nicht mächtig, also sind sie nicht rachgierig. Aber kann es anders sein, als daß jetzt Hunderte von Verdammungsurteilen gefällt werden, daß es «Strafen regnet wie einst Manna bei den Juden», daß auch Figeac unter den Verfolgten ist, weil er sich exponiert hatte, als er Napoleon nach Paris gefolgt war? Und daß man in den schnellen politischen Verfahren, bei den vielen Neidern, die der junge Professor in Grenoble hatte, zwischen den Brüdern nicht unterscheidet, da man sie auch als Wissenschaftler schon verwechselt hatte? Konnte man es denn, da auch der jüngere Champollion in den letzten Stunden der «Hundert Tage», zur selben Zeit, da er sich verzweifelt bemühte, für einen ägyptischen Papyrus tausend Francs zusammenzubekommen, den sogenannten «Delphinatischen Bund» begründen half, der sich für die Sache der Freiheit erklärte und jetzt höchst anrüchig ist?

Als die Royalisten gegen Grenoble rückten, war Champollion auf den Wällen und feuerte zum Widerstand an, völlig verkennend, wo die größere Freiheit winkte. Aber was geschieht? Im Augenblick, da der General Latour mit dem Bombardement der Innenstadt beginnt, als die Wissenschaft und die Frucht seiner Arbeit in Gefahr gerät, da eilt Champollion von den Wällen, Politik und Militär hinter sich lassend, läuft in den zweiten Stock des Bibliotheksgebäudes empor und übersteht dort, Wasser und Sand schleppend, allein im weiten Hause, die ganze Kanonade, sein Leben einsetzend für die Rettung seiner Papyri.

In diesen Tagen beginnt Champollion, entlassener Professor, verbannt als Hochverräter, mit der Arbeit an der endgültigen Entzifferung der Hieroglyphen. Die Verbannung dauert anderthalb Jahre. Es folgt weitere unermüdliche Arbeit. Grenoble und Paris sind wiederum die Stationen. Neuer Hochverratsprozeß droht. Im Juli 1821 verläßt er die Stadt, in der er vom Schüler zum Akademiker geworden war, als Flüchtling. Aber ein Jahr später veröffentlicht er seine Schrift «Lettre à M. Dacier relative à l'alphabet des hiéroglyphes phonétiques», die Schrift, die die Grundlagen der Entzifferung enthält und seinen Namen in den Mund aller bringt, die ihren Blick, hungrig von bisher ungestillten Fragen, auf die Rätsel der Pyramiden und Tempel gerichtet hatten.

So merkwürdig es klingt: Daß die Hieroglyphen, die aller Welt vor Augen lagen, über die eine ganze Reihe antiker Autoren geschrieben hatte, über die sich das abendländische Mittelalter in immer neuen Deutungen ergangen war und die dann mit Napoleons Expedition in unzähligen Abschriften in die Gelehrtenstuben kamen, dennoch bis dahin nicht entziffert worden waren, ist nicht allein Unvermögen, sondern auch Schuld, nicht nur Erkenntnismangel der vielen, sondern auch Ergebnis einer Irreführung durch einen einzelnen.

Herodot, Strabo und Diodor hatten Ägypten bereist und die Hieroglyphen als unverständliche Bilderschrift erwähnt. Aber nur Horapollon, im vierten Jahrhundert n. Chr., hatte eine ausführliche Beschreibung ihrer Bedeutung hinterlassen (die Andeutungen bei Clemens Alexandrinus und Porphyrius sind nicht verständlich). Es leuchtet ein, daß mangels jeden Anhaltspunktes Horapollons Schrift zum Ausgangspunkt aller Betrachtungen genommen wurde. Horapollon aber sprach von den Hieroglyphen stets als von einer Bilderschrift, und jede Deutung also, über Hunderte von Jahren hinweg, suchte symbolischen Sinn in den Bildern. Das ließ der Phantasie der Unwissenschaftlichen die Zügel schießen, die Wissenschaftler aber brachte es zur Verzweiflung.

Als Champollion die Hieroglyphen entziffert hatte, lernte man erkennen, wieviel Wahres bei Horapollon stand, da sah man die Entwicklung, die von der klaren frühen Symbolik ausging, in der eine Wellenlinie das Wasser, eine Grundlinie das Haus, eine Fahne den Gott darstellte. Solche Symbolik, im Gefolge Horapollons angewandt auf die späteren Inschriften, wies Irrwege.

Die Irrwege waren abenteuerlich. Der Jesuit Athanasius Kircher, ein erfindungsreicher Mann (unter anderem Konstrukteur der Laterna magica), veröffentlichte von 1650 bis 1654 in Rom vier Bände mit Übersetzungen von Hieroglyphen, von denen aber auch nicht eine einzige richtig war, ja nicht einmal den entferntesten Sinn traf. Die Zeichengruppe «Autokrator», den Beinamen der römischen Kaiser, las er «Der Fruchtbarkeit und aller Vegetation Schöpfer ist Osiris, dessen zeugende Kraft der heilige Mophta aus dem Himmel in sein Reich zieht».

Immerhin hatte er den Wert erkannt, den das Studium des Koptischen bot, dieser späteren Form der Sprache Ägyptens – ein Wert, der von einem Dutzend anderer Gelehrter geleugnet wurde.

Hundert Jahre später erklärte De Guignes vor der «Pariser Inschriften-Akademie» auf Grund hieroglyphischer Vergleiche, daß die Chinesen ägyptische Kolonisten seien. Immerhin (fast bei jedem Forscher ist dieses «immerhin» anzufügen, denn jeder fand zumindest eine einzige richtige Spur) hatte er den ägyptischen Königsnamen «Menes» richtig gelesen. Flugs kehrte ihm das ein Gegner in die Lesung «Manouph», was Voltaire, den giftigsten Glossierer seines Zeitgeistes, zu seinem Ausfall gegen die Etymologen veranlaßte, «für welche die Vokale nicht mitzählen und denen an den Konsonanten wenig gelegen ist». (Übrigens ließen englische Forscher derselben Zeit im Gegensatz zur letzten These die Ägypter aus China kommen.)

Man sollte meinen, daß die Auffindung des Dreisprachensteins von Rosette den wilden Vermutungen Halt geboten hätte. Das Gegenteil war der Fall. Der Weg zur Lösung schien jetzt so offenbar, daß auch Laien ihn zu beschreiten wagten. Ein Anonymus aus Dresden buchstabierte aus dem kurzen hieroglyphischen Fragment der Ro-

Eine noch rebusartige ägyptische Bilderschrift aus dem Ende des 4. Jahrtausends v. Chr., aus der sich später die verschiedenen Arten der eigentlichen Hieroglyphen entwikkelten. Erst seit einigen Jahrzehnten weiß man: Dies ist ein als Horusfalke symbolisierter König, der ein besiegtes syrisches Land (Oval mit Kopf eines spitzbärtigen Syrers) an einem Strick hält, also unter seiner Herrschaft. Er sitzt auf sechs Lotosblüten, das heißt auf 6000 Gefangenen. Die darunter abgebildete Harpune bezeichnet den Namen des Landes; das mit Wellenlinien ausgefüllte Viereck soll zeigen, daß das Land am Wasser gelegen ist – beides deutet auf Syrien.

settana den gesamten griechischen Text heraus. Ein Araber Ahmed Bin Abubekr «enthüllte» einen Text, den der sonst ernsthafte Orientalist Hammer-Purgstall sogar übersetzte; ein Pariser Namenloser erkannte in einer Tempelinschrift von Dendera den 100. Psalm, und in Genf erschien die Übersetzung der Inschriften des sogenannten «Pamphylischen Obelisken», die ein «viertausend Jahre vor Christo geschriebener Bericht vom Sieg der Frommen über die Bösen» sein sollten.

Die Phantasie überschlug sich. Sie paarte sich mit ungewöhnlicher Arroganz und Dummheit beim Grafen Palin, der behauptete, das Wesen der Rosettana auf den ersten Blick erkannt zu haben. Auf Horapollon, auf pythagoreische Doktrinen und auf die Kabbala gestützt, symbolisierte er sie dermaßen schnell, daß er in einer Nachtwache zum Ergebnis gelangte, es acht Tage später dem Publikum übergab und sich, nach seiner Behauptung, allein durch diese Schnelligkeit vor den «systematischen Irrtümern bewahrte, die einzig nur aus langem Nachdenken hervorgehen können».

Inmitten dieses Feuerwerks von Entzifferungen saß Champollion, ordnend, vergleichend, prüfend, Stufe um Stufe die Höhe der Lösung gewinnend, und mußte dann hören, daß der Abbé Tandeau de St. Nicolas eine Broschüre verfaßt hatte, in der haarscharf bewiesen wurde, daß die Hieroglyphen überhaupt keine Schrift, sondern ein Dekorationsmittel gewesen seien. – Unbeirrt schreibt Champollion bereits 1815 in einem Brief über Horapollon: «Dies Werk wird ‹Hieroglyphica› genannt, aber es gibt durchaus nicht die Auslegung dessen, was wir Hieroglyphen nennen, sondern die der heiligen symbolischen Skulpturen, das heißt der ägyptischen Sinnbilder, die völlig verschieden sind von den eigentlichen Hieroglyphen. Das ist gegen die allgemeine Ansicht, allein der Beweis für das, was ich vorbringe, findet sich auf den ägyptischen Denkmälern. Man sieht in den emblematischen Szenen die heiligen Skulpturen, von denen Horapollon redet, wie die Schlange, die sich in den Schwanz beißt, den Geier in der von ihm geschilderten Stellung, den himmlischen Regen, den Mann ohne Kopf, die Taube mit dem Lorbeerblatt usw., aber man sieht sie nicht in den eigentlichen Hieroglyphen!»

Man sah in diesen Jahren in den Hieroglyphen das System eines mystischen Epikuräertums, kabbalistische, astrologische und gnostische Geheimlehre, landwirtschaftliche, kaufmännische und verwaltungstechnische Hinweise für das praktische Leben; man las aus ihnen Bibelabschnitte und sogar vorsintflutliche Literatur, chaldäische, hebräische und selbst chinesische Abhandlungen heraus; «gerade als ob die Ägypter gar keine eigene Sprache zum Ausdruck zu bringen gehabt hätten», bemerkt Champollion hierzu.

All diese Versuche zur Deutung fußten mehr oder weniger auf Horapollon. Es gab nur einen Weg zur Entzifferung. Der führte gegen Horapollon. Und ihn ging Champollion.

Die großen Entdeckungen des Geistes sind zeitlich selten fixierbar. Sie sind Ergebnis unzähliger Denkvorgänge, langjährigen Trainings des Geistes auf ein einziges Problem hin, Kreuzpunkt von Bewußtem und Unbewußtem, von gezielter Aufmerksamkeit und irrendem Traum. Und selten erfolgt eine Lösung durch den Einfall eines Blitzes.

Die großen Entdeckungen verlieren von ihrer Größe, wenn man sich mit ihrer Vorgeschichte befaßt. Ums Prinzip wissend, erscheinen dem Nachkommenden die Irrwege einfältig, die falschen Vorstellungen verblendet, die Probleme einfach. Es ist schwer vorstellbar heute, was es bedeutete, daß Champollion Zug um Zug gegen die Meinung der gelehrten Welt, die auf Horapollon schwor, seine eigene Meinung setzte. Man darf nicht vergessen, daß die Gelehrten und das Publikum nicht etwa zu dem Manne Horapollon hielten, weil sie in ihm eine Autorität achteten, wie ihre mittelalterlichen Kollegen in Aristoteles, wie die späteren Theologen in den Kirchenvätern, sondern daß sie selbst bei größter Skepsis überhaupt keine andere Möglichkeit sahen als diese: Die Hieroglyphen sind eine Bilderschrift! Denn hier verband sich zum Unheil der Forschung autoritative Äußerung mit Augenschein. In Horapollon sprach nicht nur jemand, der immerhin den letzten geschriebenen Hieroglyphen um anderthalb Jahrtausende näherstand, sondern er sagte aus, was jedermann sehen konnte: hier waren Bilder, Bilder und nochmals Bilder!

Und in dem Augenblick, den wir nicht festzulegen wissen, da Champollion der Einfall kam, die hieroglyphischen Bilder seien «Buchstaben» (genauer gesagt «Lautzeichen»; seine eigene früheste Formulierung lautet: «... ohne streng alphabetisch zu sein, dennoch lautlich»), da erst war die Wendung, die Abwendung von Horapollon vollzogen, die zur Entzifferung führen mußte. Ist es nach solchem Leben, nach solcher Arbeit überhaupt noch möglich, von einem Einfall zu sprechen? Ist hier eine glückhafte Minute hereingebrochen? – Als Champollion zum erstenmal dieser Gedanke kam, verwarf er ihn wieder. Als er eines Tages das Zeichen der liegenden Schlange mit dem «f» identifizierte, schob er diese Feststellung als unhaltbar wieder beiseite. Als mehrere andere, die Skandinavier Zoëga und Akerblad, der Franzose De Sacy, vor allem der Engländer Thomas Young, den demotischen Teil der Rosettana als »Buchstabenschrift» erkannten, da gerieten ihnen Teillösungen. Aber sie kamen nicht weiter, sie gaben auf oder widerriefen, und De Sacy erklärte seine völlige Kapitulation vor den hieroglyphischen Schriften, die dastünden «unangetastet wie die Heilige Bundeslade».

Und selbst Thomas Young, der hervorragende Ergebnisse bei der Entzifferung des demotischen Teils erzielte, weil er ihn «lautlich» las, widerrief sich selber noch 1818, indem er bei der Entzifferung des Namens Ptolemäus die Zeichen willkürlich wieder in Buchstaben, Einsilben- und Zweisilbenwerte zerlegte.

Und hier tritt der Unterschied zwischen zwei Methoden und zwei Ergebnissen zutage. Young, der Naturwissenschaftler, zweifellos ein genialer Mann, aber philologisch ungeschult, der schematisch arbeitete, durch Vergleichung, durch geistvolles Interpolieren, entzifferte doch nur einige Wörter, wobei es ein wunderbarer Beweis für seine Intuition ist, wenn ihm Champollion später bestätigt, daß von der Liste seiner 221 symbolischen Gruppen 76 richtig gedeutet waren. Champollion aber, der mehr als ein Dutzend alter Sprachen beherrschte, durch seine Kenntnis des Koptischen dem Sprachgeist des alten Ägypten nähergerückt als jeder andere, erriet nicht wie Young einzelne Wörter oder Buchstaben, sondern erkannte das *System*. Er deutete nicht nur, sondern machte die Schrift lesbar und lehrbar. Und in dem Augenblick, da er das System in den Grundzügen erkannt hatte, da konnte er wirklich fruchtbar den Einfall wiederaufgreifen, der als Vermutung längst laut geworden war: daß die Entzifferung bei den Königsnamen begonnen werden müßte.

Warum bei den Königsnamen? Auch dieser Einfall lag nahe, auch dieser Gedanke scheint heute simpel. Die Inschrift von Rosette, hatten wir bereits mitgeteilt, enthielt die Meldung, daß die Priesterschaft dem König Ptolemäus Epiphanes besondere Ehrerweisungen bewilligt habe. Der griechische Text, der sofort lesbar gewesen war, hatte völlige Klarheit gegeben. Da nun, wo in der hieroglyphischen Inschrift der Name des Königs etwa vermutet werden durfte, fand sich eine Zeichengruppe, die in einen ovalen Ring eingeschlossen war, den man sich angewöhnte, «Cartouche» zu nennen.

Lag es nicht auf der Hand, in dieser «Cartouche», der einzigen Hervorhebung, das Wort zu vermuten, das eben einer Hervorhebung würdig war, den Namen des Königs? Sieht es nicht nach der Arbeit eines intelligenten Schülers aus, die Buchstaben des Namens Ptolemäus unter die entsprechenden hieroglyphischen Zeichen zu ordnen und damit (bei alter Schreibweise) acht hieroglyphische Zeichen mit acht Buchstaben zu identifizieren?

Alle großen Gedanken sind einfach in nachträglicher Betrachtung. Was hier durch Champollion geschah, war der Bruch mit der horapollonischen Tradition, die vierzehn Jahrhunderte lang die Köpfe verwirrt hatte. Nichts schmälert den Triumph des Entdeckers, dem nun das Glück sofort eine glänzende Bestätigung in die Hände spielte. Im Jahre 1815 war der sogenannte «Obelisk von Philä» gefunden worden, den der Archäologe Banks 1821 nach England brachte und der ebenfalls (ein zweiter «Rosette-Stein») eine hieroglyphische und eine griechische Inschrift zeigte. Und wieder fand sich dort, eingerahmt in die «Cartouche», der Name Ptolemäus. Aber es war noch eine zweite Inschriftengruppe eingerahmt. Und Champollion, geleitet von der griechischen Inschrift am Fuß des Obelisken, vermutete in ihr den Namen Cleopatra.

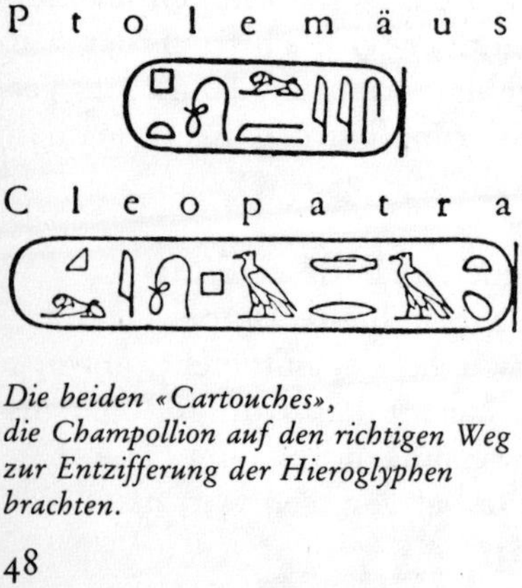

Die beiden «Cartouches», die Champollion auf den richtigen Weg zur Entzifferung der Hieroglyphen brachten.

Es klingt wieder höchst einfach: Aber als

Champollion die beiden Inschriftengruppen gemäß den vermuteten Namen untereinander schrieb (hier in unserer Schreibweise) und als im Namen Cleopatra das 2., 4. und 5. Zeichen mit dem 4., 3. und 1. des Namens Ptolemäus übereinstimmte, da war der Schlüssel zur Entzifferung der Hieroglyphen gefunden. Nur der Schlüssel zu einer fremden Schrift? – Der Schlüssel zu allen verschlossenen Toren Ägyptens.

Heute wissen wir, wie unendlich kompliziert das hieroglyphische Schriftsystem ist. Heute lernt der Student als Selbstverständlichkeit, was damals unerkennbar blieb, lernt, was Champollion, fußend auf dieser ersten Erkenntnis, sich mühsam errang und was damals fast undurchschaubar bleiben mußte, weil es durcheinandergebreitet war durch drei Jahrtausende. Heute kennen wir die Veränderungen der hieroglyphischen Schriften, wissen von der Entwicklung, die von den alten Hieroglyphen zu einer Schreibschrift, der sogenannten «hieratischen», ging und dann noch später, weiter verkürzt, weiter abgeschliffen, bei einer Gebrauchsschrift, beim «Demotischen» endete. Der Gelehrte zu Champollions Zeit sah diese Entwicklung nicht. Eine Entdeckung, die ihm bei dieser Inschrift weiterhalf, versagte bei der nächsten. Welcher heutige Europäer ist in der Lage, eine Mönchshandschrift des 12. Jahrhunderts zu lesen,

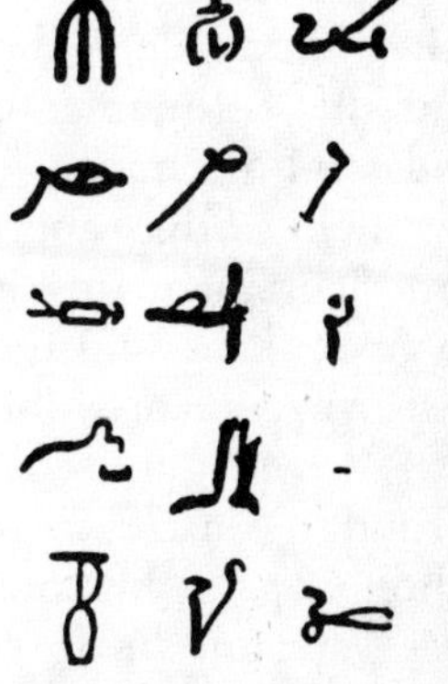

Beispiel dafür, wie sich die bereits hochentwickelten Hieroglyphen zur hieratischen und dann zur demotischen Schrift entwickelten.

selbst wenn bereits eine der modernen Sprachen verwendet wurde? Und ein prunkvolles Initial eines mittelalterlichen Dokuments ist dem Unvorgebildeten nicht einmal als Buchstabe erkennbar. Von solchen Schriften aber, die zu unserem eigenen Kulturkreis gehören, sind wir nicht einmal tausend Jahre entfernt. Der Gelehrte jedoch, der den Blick auf die Hieroglyphen richtete, sah in einem fremden Kulturkreis eine Schriftentwicklung von dreitausend Jahren vor sich!

Heute ist es keine Schwierigkeit mehr, zwischen «Phonetischen Zeichen», «Wortzeichen» und «Deutzeichen» zu unterscheiden, mit welcher Unterteilung die erste Ordnung in die Verschiedenwertigkeiten der Zeichen und Bilder gebracht ist. Heute irritiert es nicht mehr, wenn eine Inschrift von rechts nach links, die andere von links nach rechts, die dritte von oben nach unten gelesen werden muß; denn man weiß, daß dies der Brauch inzwischen festgelegter verschiedener Zeiten war. Rosselini in Italien, Leemans in den Niederlanden, de Rougé in Frankreich, Lepsius und Brugsch in Deutschland fügten Erkenntnis an Erkenntnis. Zehntausend Papyri kamen nach Europa, immer neue Inschriften von Gräbern, Denkmälern, Tempeln wurden schließlich fließend gelesen. Postum erschien von Champollion die «Grammaire Égyptienne» (Paris 1836–41), dann der erste Versuch eines altägyptischen Wörterbuches (die Erklärung der Sprache ging stets mit der Entzifferung der Schrift Hand in Hand), die «Notizen» und die «Monumente». Bauend auf diesen Ergebnissen und den Forschungen der Späteren gelang der Wissenschaft der nicht nötige, aber stolze Schritt von der Entzifferung zum Schreiben. Im «Egyptian Court» des Kristallpalastes zu Sydenham sind die Namen der Königin Victoria und des Prinzgemahls Albert in Hieroglyphen angebracht. Der Hof des «Ägyptischen Museums» in Berlin zeigt seine Gründungsinschrift in hieroglyphischen Zeichen. Und schon Lepsius brachte an der Cheopspyramide zu Gizeh eine Tafel an, die dort in Hieroglyphen Namen und Herrscherwürde Friedrich Wilhelms IV. (er hatte die Expedition ausgerüstet) verewigte.

Ist es zuviel, wenn wir dem Mann, dem der Ruhm gebührt, die Denkmäler reden gemacht zu haben, obwohl er das Land seines Studiums bis zu seinem achtunddreißigsten Lebensjahr nur aus den Inschriften kannte, wenigstens bei einem seiner ersten wirklichen ägyptischen Abenteuer folgen? Auf ägyptischen Boden?

Nicht immer ist es dem Stubengelehrten vergönnt, seine Theorien durch die Anschauung bestätigt zu finden. Oft bietet sich ihm nicht einmal die Gelegenheit, die Stätten in Wirklichkeit zu sehen, durch die seine Phantasie jahrzehntelang streifte.

Es war Champollion nicht bestimmt, seinen großen theoretischen Eroberungen noch eine erfolgreiche Ausgräbertätigkeit hinzuzufügen. Aber er durfte Ägypten sehen. Und er durfte durch Augenschein bestätigt finden, was er in der Klausur gedacht. Schon als Jüngling hatte er, weit hinausgehend über die reinen Entzifferungsversuche, an einer Chronologie und einer Topographie des alten Ägypten gearbeitet, und Hypothese hatte sich ihm an Hypothese gereiht, wenn es gegolten hatte, eine Statue, eine Inschrift auf Grund geringer Anhaltspunkte zeitlich und räumlich einzuordnen. Jetzt kam er in das Land seiner Forschung und befand sich etwa in der Situation des Zoologen, der aus Knochenresten und Versteinerungen die Gestalt eines Dinosauriers modelliert hatte und ihm plötzlich, versetzt in die Kreidezeit, leibhaftig begegnet.

Champollions Expedition (vom Juli 1828 bis zum Dezember 1829) ist ein Triumphzug. Nur die amtlichen französischen Vertreter haben noch nicht vergessen, daß er einst als Hochverräter galt (das Verfahren war im Zuge der Maßnahmen einer «toleranten Monarchie» eingestellt worden; genaue Einzelheiten darüber fehlen). Die Eingeborenen aber strömten herbei, um den zu sehen, «der die

Schrift der alten Steine lesen kann». Champollion muß eiserne Strenge walten lassen, um die Teilnehmer seiner Expedition Abend für Abend auf die Nilschiffe «Hathor» und «Isis», unter den Schutz «der zwei freundlichen ägyptischen Göttinnen», zurückzubekommen. Der Enthusiasmus der Eingeborenen enthusiasmiert die Expedition, bis sie schließlich dem Gouverneur von Girge, Mohammed Bey, sogar die «Marseillaise» und die Freiheitslieder aus der «Stummen von Portici» vorsingt. Aber die Expedition arbeitet auch. Champollion schreitet von Entdeckung zu Entdeckung, von Bestätigung zu Bestätigung. In den Steinbrüchen von Memphis erkennt und rubriziert er die Arbeiten der verschiedenen Epochen mit einem Blick. In Mit-Rahine entdeckt er zwei Tempel und eine ganze Totenstadt. In Sakkara (wo mehrere Jahre später eine große Fundstätte für Mariette entstehen soll) findet er den Königsnamen «Onnos», den er sofort treffsicher in die früheste Zeit hinaufdatiert. In Tell-el-Amarna entdeckt er, daß der Riesenbau, den Jomard als Getreidespeicher bezeichnet hatte, in Wirklichkeit der große Tempel der Stadt gewesen ist.

Dann aber ist ihm der Triumph vergönnt, zu sehen, daß er recht hatte mit der Behauptung, für die er sechs Jahre früher das Gelächter der ganzen Ägyptischen Kommission geerntet hatte.

Die Schiffe legen an in Dendera. Der Tempel liegt vor ihnen, einer der großen ägyptischen Tempel, von dem wir heute wissen, daß an ihm die Könige der XII. Dynastie, die mächtigsten Herrscher des «Neuen Reiches», Thutmosis III. , der große Ramses und sein Nachfolger, schließlich die Ptolemäer und die Römer Augustus, Nerva, und am Tor und an der Umfassungsmauer noch Domitian und

Tabelle, die das zuletzt hochentwickelte ägyptische «Alphabet» zeigt. Vierundzwanzig Buchstaben, aber alles Konsonanten. Da bei solcher Schreibung eine Zusammenstellung «m-n-h» sowohl «Wachs» wie «Papyruspflanze» wie «Jüngling» bedeuten konnte, ist klar, welche Schwierigkeiten die Entzifferung bot.

	Zeichen	Umschrift	Dargestellter Gegenstand	Bemerkungen
1	𓄿	*ꜣ*	Geier	harter Stimmeinsatz (hebr. א)
2	𓇋	*j*	Schilfrohr	
	𓇌 oder 𓏭	*jj. j*		seit dem mittl. Reich im Auslaut für *j*
3	𓂝	*ꜥ*	Unterarm	gepreßter stimmloser Kehllaut
4	𓅱	*w*	Wachtel	
5	𓃀	*b*	Bein	
6	𓊪	*p*	Stuhl	
7	𓆑	*f*	gehörnte Schlange	
8	𓅓	*m*	Eule	
9	𓈖	*n*	Wasser	
10	𓂋	*r*	Mund	
11	𓉔	*h*	Hof	
12	𓎛	*ḥ*	geflochtene Flachssträhne	rauher gesprochen als *h*
13	𓐍	*ḫ*	Placenta (?)	wie deutsches *ch* in *ach*
14	𓄡	*ẖ*	Tierbauch mit Zitzen	ähnlich dem vorigen Laut
15	𓊃	*s*	Riegel	ursprünglich stimmh. *s* } *s*
16	𓋴	*ś*	gefaltetes Tuch	ursprünglich stimmlos. *s* } *s*
17	𓈙, 𓈙	*š*	Teich, See	wie deutsch. *sch*
18	𓈎	*ḳ*	Hügel(abhang)	tief gutturaler *k*-Laut
19	𓎡	*k*	Korb mit Handgriff	
20	𓎼	*g*	Ständer für Krüge	
21	𓏏	*t*	Brot	
22	𓍿	*ṯ*	Viehstrick	entw. wie engl. *th* oder wie deutsches *tsch*
23	𓂧	*d*	Hand	
24	𓆓	*ḏ*	Schlange	entw. wie *ds* oder wie *dj*

Trajan gebaut haben. Hier waren am 25. Mai 1799 Napoleons Truppen in schrecklichem Fußmarsch angelangt und waren überwältigt worden von dem Bild, das sich ihnen bot. Hier hatte, noch ein paar Monate früher, der General Desaix mit seiner ganzen Division die Verfolgung der Mamelucken unterbrochen, fasziniert von der Macht und Herrlichkeit eines versunkenen Reiches (welche Vorstellung für einen General des 20. Jahrhunderts!). Hier stand nun Champollion, vertraut mit fast jeder Einzelheit aus Bericht, Zeichnung, Inschriftenkopie (wie oft hatte er mit Denon, dem Begleiter des Generals Desaix, darüber gesprochen). Es war Nacht, helle, gleißende ägyptische Mondnacht; seine Begleiter drängten, er gab nach, und die fünfzehn Wissenschaftler der Expedition, an der Spitze Champollion, stürmten, nicht mehr zu halten, den Tempel. Eine Schar, «die ein Ägypter für einen Beduinenstamm, ein Europäer für eine Anzahl gut bewaffneter Karthäuser gehalten hätte»!

L'hôte, einer der Teilnehmer, berichtet, und seine Sprache stammelt: «Wir durcheilen auf gut Glück ein Palmengehölz – feenhafter Anblick im Mondschein! Dann geht's ins hohe Gras, in Dornen und Gebüsch hinein. Umkehren? Nein, das wollen wir nicht. Vorwärts gehen? Wir wissen nicht, wie. Wir erheben starkes Geschrei, aber nur fernes Bellen ist die Antwort. Da sehen wir einen zerlumpten Fellachen, der hinter einem Baum eingeschlafen ist. Mit einem Stock bewaffnet, mit wenigen schwarzen Lappen bekleidet, sieht er wie ein Dämon aus (‹eine ambulante Mumie› nennt ihn Champollion). Entsetzt und zitternd erhebt er sich, voll Angst, niedergeschlagen zu werden ... Ein tüchtiger zweistündiger Marsch noch. Und endlich erscheint der Tempel, lichtüberrieselt, ein Bild, das uns trunken macht vor Bewunderung ... Unterwegs hatten wir gesungen, um unsere Ungeduld zu töten, aber hier, vor dem mit himmlischem Licht überfluteten Propylon – welche Empfindung! Unter dem von riesenhaften Säulen gestützten Portikus ist vollendete Ruhe und der geheimnisvolle

Zauber, den tiefer Schatten hervorbringt – und draußen blendet das Mondlicht! Seltsamer, wunderbarer Gegensatz ...

Dann zünden wir im Innern Feuer von dürrem Grase an. Neuer Reiz, neuer Ausbruch von Enthusiasmus, wie plötzliches Delirium. Es war wie Fieber, wie Wahnsinn, was uns ergriff. Die Ekstase bemächtigte sich aller ... Dies Zauberbild, erfüllt von Magie, war eine *Wirklichkeit* – unter dem Portikus von Dendera.»

Und was schreibt Champollion? Die andern nennen ihn den «Meister»; und diesem Rang gemäß ist er maßvoll. Doch auch unter der gewollten Nüchternheit seiner Worte spürt man die Erregung. «Ich werde nicht versuchen, den Eindruck zu beschreiben, den uns besonders der Portikus des großen Tempels machte. Man kann ihn wohl ausmessen, aber eine Vorstellung davon zu geben, ist unmöglich. Er bildet den denkbar größten Grad von Vereinigung der Anmut mit der Majestät. Wir blieben zwei Stunden dort, voller Ekstase, durchstreiften mit unserem armen Tropf von Fellachen die Hallen und versuchten unterm gleißenden Mondlicht die Inschriften der Außenseite zu lesen.»

Es ist der erste große, gut erhaltene ägyptische Tempel, den der Sehnsüchtige sieht. Und was er noch in der Nacht und tags darauf notiert, zeigt, mit welcher Intensität dieser Mann bereits in Ägypten lebte, wie er in Phantasie, in Traum und Gedanke so vorbereitet war, daß nichts ihm wirklich neu erschien, daß alles ihm nur Bestätigung wurde, daß ihm unvermutet Einsichten zuteil werden konnten auf einem metaphysischen Schnittpunkt, wo auch rationalistischen Geistern die Erleuchtung geschieht, die den nur gelehrten Begleiter überrascht. Für die meisten Begleiter Champollions waren Tempel, Tor, Säule und Inschrift nur Stein und totes Denkmal. Für sie war das merkwürdige Kostüm, das sie angelegt hatten, eben nur Kostümierung – während Champollion in ihm lebte. Alle hatten kahlgeschorene Köpfe, über denen sie riesige Turbane trugen. Sie hatten goldbestickte Tuchjacken an

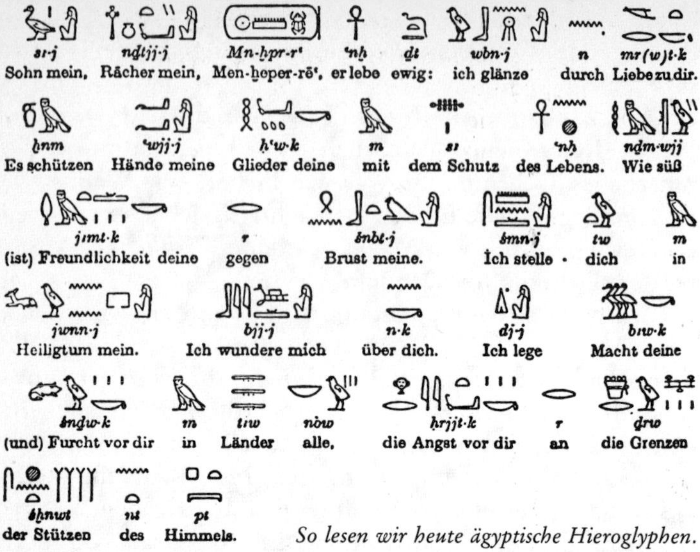

So lesen wir heute ägyptische Hieroglyphen.

und gelbe Stiefel. «Wir tragen es gut und mit gravitätischer Miene», sagt L'hôte. Aber diese Bemerkung enthält den Spaß am Kostüm. Champollion indessen, seit Jahren schon in Grenoble wie in Paris «der Ägypter» geheißen, bewegte sich – alle Freunde bezeugen es – wie ein Eingeborener.

Er entziffert nicht nur, er deutet nicht bloß. Er konzipiert, ihm werden plötzlich Einsichten zuteil. Er spricht seinen Triumph über die Kommission aus: Dies ist nicht der Tempel der Isis, wie behauptet wird, dies ist der Tempel der Hathor, der Göttin der Liebe. Und «uralt» soll dieser Tempel sein? Seine endgültige Gestalt hat er erst unter den Ptolemäern bekommen, vollendet wurde er von den Römern (dies Alter von achtzehn Jahrhunderten bedeutet wenig gegen die dreißig Jahrhunderte, in denen sich vorher bereits ägyptische Geschichte vollzog). Und der überwältigende Eindruck unter dem bleichen Mond hinderte ihn nicht an der Erkenntnis, daß dieses Bauwerk zwar «ein Meisterstück der Architektur» ist, doch «bedeckt mit

Skulpturen im schlechtesten Stil». – «Mag es die Kommission nicht übelnehmen», schreibt er, «aber die Basreliefs von Dendera sind abscheulich, und das konnte nicht anders sein – sind sie doch aus einer Epoche des Verfalls. Die Skulptur war schon verderbt, indessen die Baukunst, die als eine chiffrierte Kunst weniger der Veränderung zugänglich ist, sich noch der Götter Ägyptens und der Bewunderung aller Jahrhunderte würdig erhalten hatte.» –

Als Champollion drei Jahre später stirbt, scheidet er zu früh für die junge Wissenschaft der Ägyptologie und zu früh, um seine öffentliche Bestätigung uneingeschränkt zu erfahren. Gleich nach seinem Tode erscheinen, besonders von englischen und deutschen Gelehrten, Schmähschriften, die, verblendet für unser Gefühl, sein Entzifferungssystem trotz offenkundig richtiger Ergebnisse als bare Phantasieprodukte abtun. Er wird glänzend gerechtfertigt durch den Deutschen Richard Lepsius, der im Jahre 1866 das zweisprachige sogenannte «Dekret von Kanopus» findet, das Champollions Methode einwandfrei bestätigt. Schließlich stellt der Franzose Le Page-Renouf in einer Rede vor der «Royal Society» im Jahre 1896 in London Champollion endlich auf den ihm zukommenden Platz – vierundsechzig Jahre nach seinem Tode!

Champollion hatte das Geheimnis der Schrift gelöst. Die Arbeit des Spatens konnte beginnen!

4. Kapitel

«Vierzig Jahrhunderte blicken auf euch herab!»

Dieses Buch gibt nur einen Überblick. Es schreitet von Gipfelpunkt zu Gipfelpunkt und kann sich besonders der Ameisenarbeit der Stubengelehrten nicht genügend widmen, deren Verdienst das Rubrizieren, das Katalogisieren, aber auch durchaus die kühne Deutung, die schöpferische Hypothese und die fruchtbare Anregung war.

An vier Namen knüpfen sich – in der Rangordnung, die unsere Betrachtungsweise diktiert – die großen ägyptologischen Entdeckungen der Jahrzehnte nach Champollions Entzifferung der Hieroglyphen. Man kann sie mit Beinamen versehen. Es sind der Italiener Belzoni, der Sammler; der Deutsche Lepsius, der Ordner; der Franzose Mariette, der Bewahrer; und der Engländer Petrie, der Messer und Deuter. Es wäre für die Zukunft gut, wenn man ein Sinnbild darin sähe, daß die Angehörigen der vier großen europäischen Nationen gemeinsam am selben Werke schufen, demselben Ziele zustrebten, geeint durch den allem anderen übergeordneten Drang nach Erkenntnis und Wahrheit, der erst in unserem Jahrhundert wieder – das sich dessen nicht rühmen darf – nationalen Belangen untergeordnet wird. –

«Einer der bemerkenswertesten Männer in der ganzen Geschichte der Ägyptologie», sagt der Archäologe Howard Carter, und er meint damit Giovanni Battista Belzoni (1778–1823), der sich, nicht lange bevor er nach Ägypten kam, in einem Londoner Zirkus als «starker Mann» produziert hatte. Carters Bemerkung zielt mehr auf die Persönlichkeit als auf die Leistung. Wir wissen längst, daß in der Geschichte der Archäologie die Außenseiter eine wichtige Rolle spielen. Das Außenseitertum Belzonis aber ist gewiß eins der absonderlichsten.

Aus achtbarer römischer Familie stammend, in Padua geboren, sollte er Geistlicher oder Mönch werden. Bevor er zur Kutte kam, geriet er in politische Intrigen. Statt in die stets aufnahmebereiten italienischen Gefängnisse ging er nach London. Es gibt einen Bericht, in dem der «italienische Riese» und «starke Mann» beschrieben wird, der jeden Abend eine Anzahl Männer rund um eine Tingeltangel-Bühne trägt, offensichtlich noch weit entfernt von archäologischen Ambitionen. Es scheint, als ob er dann Maschinenbau studiert habe (aber auch Scharlatanerie ist ihm zuzutrauen), denn 1815 glaubt er durch die Einführung eines mechanischen Wasserrades, das viermal soviel Arbeit leisten sollte wie die Schöpfräder der Eingeborenen, in Ägypten sein Glück machen zu können. Auf jeden Fall muß er ein Mann von Geschick gewesen sein, denn immerhin erfocht er sich die Erlaubnis, sein Modell im Palaste Mohammed Alis aufzustellen, des nicht ungefährlichen Mannes, der damals auf den ersten Stufen der Erfolgsleiter stand, die den bettelarmen Albanesen, späteren Kaffeehändler, Feldherrn und Pascha zum Herrn Ägyptens und eines Teiles von Syrien und Arabien aufsteigen ließ. Als Belzoni bei ihm war, war er bereits an Stelle des vertriebenen türkischen Gouverneurs zehn Jahre lang von der Pforte bestätigter Pascha. Zweimal hatte er englische Truppen vernichtend geschlagen und hatte eins der großen weltgeschichtlichen Gemetzel veranstaltet, indem er seine politische Auseinandersetzung mit den Mamelucken dadurch löste, daß er sämtliche vierhundertachtzig Beys unter Vorspiegelungen zu einem Mahl nach Kairo lud und sie dabei umbringen ließ. Wie dem auch sei, Mohammed Ali, sonst, wie man sieht, dem Fortschritt zugetan, ließ sich von Belzonis Wasserrad dennoch nicht überzeugen. Belzoni aber hatte inzwischen von dem Schweizer Afrikareisenden Burckhardt eine Einführung bei dem britischen Generalkonsul in Ägypten, Salt, erhalten und vermaß sich, die »Kolossalbüste des Memnon» (des Zweiten Ramses, die jetzt im «Britischen Museum» steht) von Luxor nach Alexandrien zu bringen.

Seine nächsten fünf Jahre sind ausgefüllt mit Sammeln. Er sammelte erst für Salt, dann für eigene Rechnung. Er sammelte alles, was ihm unter den Spaten kam, vom Skarabäus bis zum Obelisken. (Ein Obelisk fiel ihm beim Transport in den Nil; er fischte ihn wieder heraus.) Er tat das zu einer Zeit, da Ägypten, nun bekannt geworden als der ungeheuerste Antiquitätenfriedhof, den es auf der Welt gab, planlos und wahllos geräubert wurde und niemand zögerte, das antike Gold mit den Goldgräbermethoden zu erobern, die zwei Jahrzehnte später in Kalifornien und Australien der Eroberung des natürlichen Goldes galten. Gesetze gab es nicht, oder sie wurden nicht beachtet, und mehr als einmal wurden Meinungsverschiedenheiten mit der Flinte ausgetragen.

Konnte es wundernehmen, wenn die Sammelleidenschaft, die allein aufs Objekt ausging und nicht auf die Erkenntnis, mehr zerstörte als entdeckte, mehr Schaden anrichtete als Wissen vermittelte? Auch Belzoni, der, wie sich schnell herausstellte, trotz seines abwechslungsreichen

Sethos I. kämpft gegen die Hethiter in Syrien. Das Bild stammt von einem Tempel in Theben und war samt den Schriftzeichen einst bemalt. Belzoni, der das Grab des Sethos einst entdeckte, fand nur noch Spuren dieser Farbe.

Vorlebens Zeit gefunden hatte, sich einiges Fachwissen anzueignen, kannte im Drange zum Objekt kein Hindernis. Er sprengte die versiegelten Grabkammern mit einem Sturmblock.

Bei solcher Methode, die einem modernen Archäologen die Haare sträuben macht, bliebe unverständlich, wie ein Mann wie Howard Carter an anderer Stelle von ihm sagen kann, daß ihm für seine Ausgrabungen und «für die Art und Weise ihrer Ausführung volle Anerkennung» gezollt werden müßte, wenn Belzoni nicht als Kind seiner Zeit betrachtet werden würde und er nicht außerdem zwei Dinge getan hätte, die er, in großem Maßstab, als erster tat und die damit die ersten Glieder einer noch nicht abgerissenen Kette von archäologischen Untersuchungen werden sollten.

Im Oktober 1817 entdeckte Belzoni im Tal von Biban-el-Muluk bei Theben neben anderen Gräbern das Grab Sethos' I., das hundert Meter lange Grab des Vorgängers des großen Ramses, des Besiegers der Libyer, Syrer und Hethiter. Der herrliche, aber leere Alabastersarg, den er dabei fand, befindet sich im Soane-Museum in London. (Dreitausend Jahre lang war er schon leer, dieser Sarkophag; wo die Mumie war, welch abenteuerlichen Weg sie ging – das aufzudecken, war nicht mehr Belzoni beschieden.) Mit dem Aufdecken dieses Grabes begannen die wichtigsten Funde im «Tal der Könige», die ihren Höhepunkt erst in unserem Jahrhundert haben sollten.

Und ein halbes Jahr später, am 2. März 1818, öffnete der Italiener, wie noch heute eine Inschrift über dem Eingang dem Besucher sagt, die zweite Pyramide von Gizeh, die Pyramide des Chefren, und stieß bis in die Grabkammer vor! Mit diesen ersten Untersuchungen begann die Wissenschaft von den Pyramiden, von den gewaltigsten Bauwerken der Alten Welt, und aus dem Dunkel der ägyptischen Frühzeit lösten sich innerhalb der riesigen geometrischen Aufrisse die ersten menschlichen Züge.

Belzoni war nicht der erste, der im «Tal der Könige» wühlte. Er war auch nicht der erste, der den Eingang zu einer Pyramide suchte. Aber er war – obwohl weit mehr Gold- als Wahrheitssucher – der erste, der an zwei Stellen, vor Grabkammer und Pyramide, die *archäologischen* Probleme anriß, die noch heute an denselben Stellen ihre Rätsel aufgeben.

Belzoni ging 1820 nach England und veranstaltete in London in der acht Jahre vorher erbauten «Egyptian Hall» in Piccadilly eine Ausstellung. Der Alabastersarg und ein Modell des Sethos-Grabes waren die Prunkstücke. Wenige Jahre später, auf neuer Forschungsreise nach Timbuktu, starb er. Und es mag ihm verziehen sein, daß er im «Ramesseum» zu Theben seinen Namen am Throne Ramses' II. verewigte und auch damit als erster neben viel Verdienstvollem einen Unfug begann, den Generationen von «sammelnden» Mr. Browns, Herrn Schmidts und Messieurs Blancs bis heute zum Mißvergnügen der Archäologen fortsetzen.

Belzoni war der große Sammler. Die Zeit für den Ordner war gekommen.

Alexander von Humboldt, der Reisende und Naturforscher, war es, der König Friedrich Wilhelm IV. von Preußen (der sonst an Plänen reicher war als an Taten) dazu veranlaßte, bedeutende Geldmittel für eine Forschungsreise nach Ägypten zu bewilligen. Als Leiter wurde der erst einunddreißigjährige Richard Lepsius bestellt. Die Wahl hätte nicht besser sein können.

Lepsius (1810 in Naumburg geboren) hatte Philologie und vergleichende Sprachwissenschaft studiert, mit dreiundzwanzig Jahren promoviert und war als Zweiunddreißigjähriger außerordentlicher Professor in Berlin geworden. Ein Jahr später, nach zweijähriger Vorbereitung, ging er auf die Reise.

Die Expedition war auf drei Jahre berechnet, von 1843 bis 1845. Sie hatte damit, was bis dahin keine Forschungsgesellschaft gehabt hatte: Zeit! Sie ging nicht mehr bloß auf schnelle Beute aus, sondern auf das Erkennen und das Registrieren, und konnte überall, wo es Erfolg versprach, den Spaten ansetzen. So verwandte sie allein sechs Monate auf Memphis und sieben auf Theben. (Wenn man bedenkt, daß in unserem Jahrhundert auf ein einziges Grab, das des Tutench-Amun, mehrere Jahre verwendet wurden, so erscheint die Zeit, die Lepsius auf ungeheure Ruinenfelder verwandte, gering.)

Die ersten Erfolge, die Lepsius erzielte, waren die Aufdeckung des «Alten Reiches» in zahlreichen Denkmälern («Altes Reich» – das ist die Frühzeit Ägyptens von etwa 2900 bis 2270 v. Chr., die Zeit der Pyramidenbauer). Er fand die Spuren und Reste von dreißig bis dahin unbekannt gebliebenen Pyramiden, deren Zahl damit auf siebenundsechzig wuchs. Dazu trat die bis dahin überhaupt unbekannte Gräbergattung der sogenannten «Mastabas» (Schacht-Grabkammern der Vornehmen des «Alten Reiches»), von denen er einhundertdreißig untersuchte. In Tell-el-Amarna zeigte sich ihm die Gestalt des religiösen Reformators Amenophis IV. in ihren ersten Umrissen. Er vermaß als erster das «Tal der Könige». Die Reliefs der

Tempelwände, die unzähligen Inschriften, besonders zahlreich die «Cartouches» mit Königsnamen wurden abgeklatscht oder abgeschrieben. Er durchstöberte die Jahrtausende und kam bis ins vierte Jahrtausend v. Chr. hinauf (so glaubte er; heute wissen wir: bis ins dritte). Er war der erste, dem sich Geschautes ordnete, der ägyptische *Geschichte* sah, das *Gewordensein* erkannte, wo andere nur durcheinandergewürfelte Trümmerfelder gesehen hatten.

Früchte der Expedition waren die Schätze des «Ägyptischen Museums» in Berlin; Frucht des Studiums an den Quellen war eine Unzahl von Veröffentlichungen, angefangen bei dem zwölfbändigen Prachtwerk (einem Enkel der «Description») über die «Denkmäler Ägyptens und Äthiopiens» bis zu Spezialuntersuchungen über entlegenste Probleme. Als er 1884 als Vierundsiebzigjähriger starb, konnte sein deutscher Biograph Georg Ebers (dieser vortreffliche Ägyptologe, aber grundschlechte Romancier, dessen Romane aus dem Pharaonenreich «Uarda» und «Eine ägyptische Königstochter» noch um die Jahrhundertwende in keiner Leihbibliothek und keiner Jungmädchenbücherei fehlten) mit Recht sagen, daß Richard Lepsius der eigentliche Begründer der modernen wissenschaftlichen Ägyptologie gewesen sei.

Zwei seiner Veröffentlichungen sind es vor allen anderen, die dem großen Ordner in der Betrachtung durch die Nachwelt stets diesen Platz sichern werden: Es sind die 1849 in Berlin erschienene «Chronologie Ägyptens» und das ebenfalls in Berlin, jedoch ein Jahr später herausgekommene «Ägyptische Königsbuch».

Ägypten hatte wie alle alten Völker keine in unserem Sinne von historischem Fixpunkt ausgehende feste Zeitrechnung und kein exaktes historisches Gefühl. Nur der unentwegte Fortschrittsglaube des vorigen Jahrhunderts, das sich selber an der Spitze aller Zeiten fühlte, konnte in dieser Tatsache geschichtliche Primitivität erblicken. Erst Oswald Spengler sah in dem «Mangel» lediglich eine charakteristische Anschauung, einen Begriff der Zeit bei den alten Völkern, der nur «anders» war als der unsere.

Wo keine Zeitrechnung ist, ist keine Geschichtsschreibung. Es gibt keine ägyptischen Historiker, es gibt nur unvollständige Annalen, Hinweise auf Vergangenes, in der Regel historisch kaum wahrheitsgetreuer als etwa unsere Sagen und Märchen. Man stelle sich vor, wir sollten den Versuch machen, eine datenmäßig einigermaßen einwandfreie Chronologie der abendländischen Geschichte aus den Inschriften an unseren öffentlichen Gebäuden, aus den Texten der Kirchenväter und den Märchen der Brüder Grimm zu gewinnen! Nahezu vor dieser Aufgabe standen die Archäologen, als sie die ersten Versuche unternahmen, den Ablauf der ägyptischen Geschichte datenmäßig zu rekonstruieren. Wir müssen kurz auf die Versuche einer Chronologie eingehen. Denn sie geben ein vortreffliches Beispiel dafür, mit welchem Scharfsinn unter Ausnutzung aller Anhaltspunkte der Archäologe den vier Jahrtausenden zu Leibe ging. Mit dem Ergebnis, daß wir heute viel genauer als etwa die Griechen (viel genauer als Herodot, der Ägypten vor fast zweieinhalb Jahrtausenden bereiste) über die ägyptischen Daten Bescheid wissen. (Wir gehen hier, um das Thema nicht noch einmal aufgreifen zu müssen, über die Erkenntnisse von Lepsius aus dem Jahre 1849 und die seiner Vorgänger hinaus.)

Obwohl also alle ägyptischen Quellen von vornherein mit Vorsicht zu betrachten waren, war es doch die Schrift eines ägyptischen Priesters, die die ersten Anhaltspunkte bot. Es war Manetho aus Sebennytos, der etwa dreihundert Jahre v. Chr. unter der Regierung der beiden ersten ptolemäischen Könige (also bald nach dem Tode Alexanders des Großen) in bereits griechischer Sprache eine Geschichte seines Landes schrieb, «Ägyptische Denkwürdigkeiten».

Sein Werk ist uns nicht einmal vollständig erhalten. Wir kennen es nur aus Abrissen und Auszügen von Julius Africanus, Eusebius und Josephus. Manetho teilte die lange Liste der ihm bekannten Pharaonen in dreißig «Dynastien» ein, eine Einteilung, die wir übernommen haben und auch heute noch anwenden, obwohl wir längst um Manethos Fehlerquellen wissen und ein moderner Historiker Ägyptens, der Amerikaner J. H. Breasted, Manethos Buch nur noch «eine Zusammenstellung kindischer Volksmärchen» nennt.

Bei so scharfem Urteil müssen wir bedenken, daß sich Manetho mangels jeden Vorgängers – und drei Jahrtausende vor sich – etwa in der Situation eines modernen griechischen Historikers befand, der heute, allein aus den nationalen Überlieferungen und Traditionen schöpfend, eine Geschichte Griechenlands vom Trojanischen Krieg an entwerfen soll. Manethos Liste war jahrzehntelang einziger Anhaltspunkt für die Archäologen. (Übrigens: Das Wort «Archäologie» ist nach wie vor der wissenschaftliche Dachbegriff für die Altertumswissenschaften; da die Reichhaltigkeit der ägyptischen Denkmäler und Inschriften aber bald ein Spezialstudium erforderte, spricht man seit Lepsius von der «Ägyptologie», genauso wie man sich neuerdings angewöhnt hat, von «Assyriologie» zu sprechen, wenn man das archäologische Studium des Zweistromlandes meint.) Wie sich die abendländischen Gelehrten im Laufe der Zeit von Manetho und seinen Zeitbestimmungen entfernt haben, zeigt folgende Liste, in der versucht wird, das Jahr anzugeben, in dem König Menes die erste Einigung Ägyptens vollzog, also das älteste dynastische Datum, mit dem die eigentliche Geschichte Ägyptens beginnt:

Champollion 5867 v. Chr., Lesueur 5770, Bökh 5702, Unger 5613, Mariette 5004, Brugsch 4455, Lauth 4157, Chabas 4000, Lepsius 3892, Bundsen 3623, Ed. Meyer 3180, Wilkinson 2320, Palmer 2225; in neuerer Zeit aber macht man wieder einen Schritt in die Vergangenheit zurück. Breasted datiert Menes 3400, der Deutsche Georg Steindorff 3200 und allerneueste Forschung 2900.

Es ist einleuchtend, daß alle Datierungen um so schwieriger wurden, je weiter man in die Vergangenheit zurückging. Zur neueren Geschichte (womit wir mit neuerer die des «Neuen Reiches» und der sogenannten «Spätzeit» meinen, die schon beendet war, als Cäsar an der Seite Cleopatras lag) ließen sich Vergleichsdaten aus der assyrisch-babylonischen, der persischen, hebräischen und griechischen Geschichte heranziehen. (1859 hatte Lepsius «Über einige Berührungspunkte der ägyptischen, griechischen und römischen Chronologie» geschrieben.)

Für die fernere Vergangenheit aber ergaben sich plötzlich neue Vergleichs- und damit Kontrollmöglichkeiten, als 1843 die sogenannte «Königstafel von Karnak» in die «Pariser Nationalbibliothek» geholt werden konnte, die eine Liste der ägyptischen Herrscher von der ältesten Zeit bis zur XVIII. Dynastie enthält. Und im «Ägyptischen Museum» von Kairo können wir heute die aus einem Grabe gewonnene «Königstafel von Sakkara» betrachten, die auf der einen Seite einen Hymnus auf Osiris, den Gott der Unterwelt, enthält und auf der anderen Seite das Gebet des Schreibers Tunri zu achtundfünfzig in zwei Reihen aufgezählten Königen, deren erster Miëbis, deren letzter Ramses der Große ist.

Berühmter aber und wichtiger noch für die Ägyptologie wurde die «Königsliste von Abydos». In einer Galerie des Sethos-Tempels sehen wir Sethos I. und, noch als Kronprinzen, Ramses II. Sie verehren – Sethos schwenkt ein Räuchergefäß – ihre Ahnen, deren nicht weniger als sechsundsiebzig in zwei Reihen namentlich aufgeführt sind. (Und die Mengen an Brot stehen dort, an Bier, Rindfleisch, Gänsefleisch, Weihrauch und anderen Dingen, die der Opferung dienen sollten und nicht vergessen werden dürfen.) Es war klar: Hier waren Vergleichsmöglichkeiten, hier ließ sich die Reihenfolge kontrollieren, aber hier waren noch keine datenmäßigen Festlegungen.

Doch man hatte, überall verstreut, Angaben über die Regierungsdauer einiger Könige, Angaben über die Dauer dieses oder jenes Feldzuges, über die Dauer eines Tempelbaues; und die sogenannte «Addierung der Minimallänge» der Regierungszeiten aller Könige gab der ägyptischen Geschichte das Skelett. Die ersten einwandfreien Datierungen aber ermöglichten etwas, was älter war als Ägypten, älter als die menschliche Geschichte, älter als der Mensch überhaupt: der Lauf der Gestirne.

Die Ägypter hatten einen Jahreskalender (von alters her benötigten sie ihn zur Vorausberechnung der Nilüberflutungen, an denen die Existenz des Landes hing), den einzigen einigermaßen brauchbaren Kalender des Altertums; nicht den ersten, wie wir später sehen werden, obwohl er bereits, nach den Feststellungen des Deutschen Ed. Meyer, 4241 v. Chr. eingeführt wurde. (Übrigens bot dieser Kalender die Grundlage für den 46 v. Chr. in Rom eingeführten «Julianischen Kalender», den das Abendland übernahm und erst im Jahre 1582 n. Chr. durch den «Gregorianischen» ersetzte.)

Die Archäologen wandten sich um Rat an Mathematiker und Astronomen. Sie lieferten ihnen alte Texte, übertragene Inschriften, sie lieferten, lesbar gemacht, jeden hieroglyphischen Hinweis auf Ereignisse des Himmels, auf den Lauf der Gestirne. Und nach Meldungen über den Aufgang des Sirius (am 1. Thout, das ist der 19. Juli, begann mit dem Siriusaufgang das ägyptische Neujahr) gelang es, den Beginn der XVII. Dynastie ziemlich genau auf das Jahr 1580 v. Chr. und ebenso den Anfang der XII. Dynastie für etwa das Jahr 2000 (mit einer möglichen Unsicherheit von nur drei oder vier Jahren) festzulegen.

Jetzt waren Fixierpunkte gegeben. Jetzt konnte man die Regierungsjahre, die von einer ganzen Anzahl von Königen bekannt waren, «einpassen». Jetzt stellte man fest, daß die Regierungsdauer, die Manetho für einige Dynastien angegeben hatte, ganz unsinnig hoch war (heute wissen wir: oft doppelt so hoch wie in Wirklichkeit). Und jetzt konnte man mit diesem Rückgrat der drei Jahrtausende, mit so gewonnener Chronologie (deren erste brauchbare Lepsius,

Großer Säulensaal im Ammunstempel zu Karnak aus der XIX. Dynastie. Die wuchtige Monumentalität des Alten Reiches, wie sie sich in den Pyramiden darstellt, ist ersetzt durch die Kolossalität des Neuen Reiches.

der Ordner, geliefert hatte) darangehen, eine Geschichte Ägyptens zu entwerfen.

Für das bessere Verständnis der Zusammenhänge geben wir hier einen kurzen Überblick über die Geschichte des Nillandes (die beste Geschichte Ägyptens ist auch heute noch die des Amerikaners J. H. Breasted, «A History of Egypt»).

Die ägyptische Kultur ist eine Stromkultur. Als die ersten politischen Bindungen erfolgten, entstand im Delta das «Nordreich» und zwischen Memphis (Kairo) und dem ersten Katarakt des Nils das «Südreich».

Die eigentliche Geschichte Ägyptens beginnt mit der Einigung dieser beiden Reiche etwa 2900 v. Chr. unter König Menes, I. Dynastie.

Die Reihe der vielen nun folgenden Dynastien hat man des Überblicks halber zu größeren Gruppen zusammengefaßt, die man als «Reiche» bezeichnet. (Die Datierungen sind, besonders was die Frühzeit betrifft, auch heute noch ungenau und können im Anfang der ägyptischen Geschichte bis zu einem Jahrhundert von der Wirklichkeit abweichen. Ich zitiere in Datum und Gliederung bis zum «Neuen Reich» Georg Steindorff. Dann wähle ich eine dem Zweck angepaßte übersichtliche Gliederung, folge aber in den dynastischen Daten weiterhin demselben Autor.)

Das Alte Reich (2900–2270 v. Chr.)

umfaßt die I. bis VI. Dynastie. Es ist die Zeit des ahnungsvollen Aufbruchs der Kultur, die sich ihre ersten Gesetze schafft, ihre Religion, ihre Schrift und ihre erste künstlerische Formensprache. Es ist die Zeit der Pyramidenbauer von Gizeh, der Könige Cheops, Chefren und Mykerinos, die alle der IV. Dynastie angehören.

Die erste Zwischenzeit (2270–2100 v. Chr.)

wird durch den katastrophalen Zusammenbruch des «Alten Reiches» eingeleitet und ist, bei Weiterbestehen eines Scheinkönigtums in Memphis, vielleicht als Übergangsepoche zu einem Feudalismus anzusehen. Die Zwischenzeit umfaßt die VII. bis X. Dynastie mit insgesamt mehr als dreißig Königen.

Das Mittlere Reich (2100–1700 v. Chr.)

wird in seiner Entwicklung von thebanischen Fürsten bestimmt, die die Könige in Herakleopolis stürzen und das Land wieder einigen. Es umfaßt die XI. bis XIII. Dynastie, ist als eine kulturelle Blütezeit anzusprechen und manifestierte sich unter vier Herrschern namens Amenemhet und drei namens Sesostris in zahlreichen hervorragenden Bauwerken.

Die zweite Zwischenzeit (1700–1555 v. Chr.)

steht unterm Zeichen der Hyksosherrschaft; XIV. bis XVI. Dynastie. Ein semitisches Volk, die Hyksos («Hirtenkönige»), fällt ins Nilland ein, erobert es, beherrscht es ein Jahrhundert lang, wird aber schließlich von thebanischen Fürsten (XVII. Dynastie) wieder aus dem Lande gejagt. (Früher nahm man an, daß mit dieser Vertreibung des Hyksos die biblische Sage vom Auszug der Kinder Israels aus Ägypten zusammenhängt. Diese These ist jetzt aufgegeben.)

Das Neue Reich (1555–1090 v. Chr.)

ist die Epoche politischer Großmacht, «cäsarischen» Pharaonentums, der XVIII. bis XX. Dynastie. Die Eroberungen Thutmosis' III. schaffen die Verbindung nach Vorderasien, zwingen fremde Völker zum Tribut und lassen ungeheure Reichtümer ins Land fließen. Prachtbauten entstehen. Amenophis III. nimmt die Verbindung zu den Königen von Babylonien und Assyrien auf. Sein Nachfolger Amenophis IV. (seine Gemahlin ist Nofretete) ist der große religiöse Reformer, der an Stelle der alten Religion die Verehrung des Sonnengestirns einführt und sich von da an «Echnaton» nennt. Er gründet auf Wüstensand eine neue Hauptstadt: nach Theben entsteht Tell-el-Amarna. Doch die neue Religion überlebt den König nicht. In Bürgerkriegen bricht sie zusammen. Unter seinem Schwiegersohn Tut-ench-Amun wird die Residenz nach Theben zurückverlegt.

Die Höhe politischer Macht aber erreicht Ägypten unter den Herrschern der XIX. Dynastie. Ramses II., später der «Große» genannt, manifestiert in sechsundsechzigjähriger Regierungszeit seine Macht in monumentalen, besser gesagt, in kolossalen Bauwerken in Abu Simbel, Karnak, Luxor, im «Ramesseum», in Abydos, Memphis.

Auf seinen Tod folgt Anarchie. Ramses III. stellt in einundzwanzigjähriger Regierung Ruhe und Ordnung wieder her. Dann gerät Ägypten unter die Herrschaft der immer mächtiger gewordenen Amun-Priester.

Die dritte Zwischenzeit (1090–712 v. Chr.)

ist eine Folge von Aufstieg und Niedergang. Von den Königen der XXI. bis XXIV. Dynastie ist Sesonchis I. uns interessant als Eroberer von Jerusalem, der den Salomonischen Tempel plünderte. Unter der XXIV. Dynastie wurde ganz Ägypten zeitweilig äthiopischer Besitz.

Die Spätzeit (712–525 v. Chr.)

Unter der XXV. Dynastie wird Ägypten von den Assyrern unter Asarhaddon erobert. Die XXVI. Dynastie vermag noch einmal ein geeintes Ägypten herzustellen (doch ohne Äthiopien). Die Verbindung mit Griechenland belebt Verkehr, Handel und Geisteskultur. Der letzte der Dynastie, Psammetich III., wird von dem Perserkönig Kambyses bei

Pelusium besiegt. Damit wird Ägypten persische Provinz. Die eigentliche ägyptische Geschichte, der Ablauf einer Kultur, ist mit dem Jahre 525 beendet.

Die Persische Herrschaft (525–332 v. Chr.)

ist unter Kambyses, Darius I. und Xerxes I. gefestigt, unter Darius II. verfällt sie. Die ägyptische Kultur lebt in dieser Zeit von den Traditionen; das Land ist «die Beute starker Völker».

Die Griechisch-Römische Herrschaft (332 v. Chr. bis 638 n. Chr.)

332 erobert Alexander der Große Ägypten und gründet Alexandrien, das zum Mittelpunkt griechisch-weltstädtischen Geistes wird. Das Alexanderreich zerfällt. Ptolemäus III. verleiht Ägypten noch einmal politische Macht. Die zwei Jahrhunderte bis zu Christi Geburt sind angefüllt mit dynastischen Streitigkeiten der Ptolemäer. Ägypten gerät immer mehr unter den Einfluß Roms. Unter den späteren Cäsaren wird der Anschein eines national-ägyptischen Staates aufrechterhalten, in Wirklichkeit ist Ägypten nichts anderes als römische Provinz, ausgebeutete Kolonie, Kornkammer des Römischen Reiches.

Das Christentum findet frühzeitig Eingang in Ägypten. Von 640 n. Chr. ab aber gerät es in völlige Abhängigkeit vom arabischen Kalifenreich, später vom Reich der Osmanen, und findet den Anschluß an die europäische Geschichte erst durch den Eroberungszug Napoleons.

Im Jahre 1850 bestieg Auguste Mariette, ein etwa dreißigjähriger französischer Archäologe, die Zitadelle von Kairo. Kaum in Ägypten gelandet, wollte er sofort den Blick über die Stadt genießen, der dem Fremden so dringlich empfohlen wird. Er blickte nicht auf eine Stadt, sondern in ein

Reich; er hatte die Augen des wohlvorbereiteten Mannes, der über das Konditorenwerk der Minaretts hinweg in den Silhouetten der ungeheuren Monumente, die den Rand der westlichen Wüste säumten, allein die vergangenen Welten sah. Er war mit flüchtigem Auftrag gekommen; der Blick von der Zitadelle wurde ihm Schicksal.

Mariette, 1821 in Boulogne geboren, hatte sich frühzeitig mit ägyptologischen Studien befaßt. 1849 wurde er Assistent am Louvre-Museum zu Paris. Er erhielt den Auftrag, in Kairo Papyri anzukaufen. Er kam in Ägypten an, sah den Raubbau an den Altertümern, und bald interessierte ihn nicht mehr das Feilschen mit Antiquitätenhändlern, sondern die Tat, die helfen konnte. Helfen? – Mariette sah, daß Ägypten, ohne zu ahnen, was es tat, einen Ausverkauf in Antiquitäten veranstaltete. Wissenschaftler und Touristen, Ausgräber und alle, die aus irgendeinem Grunde ägyptischen Boden betraten, schienen von der Sucht befallen zu sein, «Antiquitäten zu sammeln», das heißt, die alten Bauwerke zu plündern und die Kostbarkeiten aus dem Lande zu schleppen. Und die Eingeborenen halfen. Die Arbeiter, die den Archäologen dienten, ließen alle kleinen Gegenstände verschwinden und verschleuderten sic an die Fremden, die so «närrisch» waren, dafür rundes Gold zu geben. Und immer noch wurde dabei rücksichtslos zerstört; stets kam es mehr auf den materiellen Erfolg an als auf den wissenschaftlichen. Es waren, trotz Lepsius' Vorbild, wieder die Methoden im Schwange wie zu Belzonis Zeiten. Und Mariette, den alles dazu drängte, nur zu forschen und zu graben, erkannte, daß für die Zukunft der archäologischen Wissenschaft eines wichtiger war als alles andere: das Bewahren! Als er sich entschloß, für immer in Ägypten zu bleiben, wo allein er Schutz und Schirm gewähren konnte, träumte ihm nicht von seinen künftigen Erfolgen. Er ahnte nicht, daß ihm in wenigen Jahren der Aufbau des größten ägyptologischen Museums der Welt gelingen sollte.

Doch vor dem Bewahren und Hüten der Schätze stand

auch bei Mariette, dem dritten der vier großen Ägyptologen des vorigen Jahrhunderts, die Entdeckung.

Er war noch nicht lange in Ägypten, als ihm etwas Merkwürdiges auffiel. In privaten Luxusgärten der Würdenträger ebenso wie vor neueren Tempeln, in Alexandrien sowohl wie in Kairo und Gizeh, fanden sich – genauso als Schmuckstücke zur Schau gestellt wie die antiken griechischen Statuen in den Prachtgärten der Renaissance-Fürsten – steinerne Sphinxe von ganz offensichtlicher Gleichartigkeit. Mariette war der erste, der die Frage stellte: Woher kamen sie? Von wo waren sie hergeschleppt?

Der Zufall spielt eine wichtige Rolle bei allen Entdekkungen. Als Mariette über das Trümmerfeld von Sakkara schritt, fand er angesichts der großen Stufenpyramide wiederum einen Sphinx. Nur der Kopf schaute noch aus dem Sand heraus. Mariette war keineswegs der erste, der ihn gesehen hatte. Aber er war der erste, der die Gleichartigkeit dieses Sphinx mit denen von Kairo und Alexandrien erkannte. Und als er eine Inschrift fand, die eine Anrede des Apis trug, des heiligen Stieres von Memphis, da assoziierte sich ihm Gelesenes, Gehörtes, Gesehenes zum Phantasiebild der geheimnisvollen, verschollenen Sphinxallee, von deren ehemaliger Existenz man wußte, deren Liegestatt aber niemand mehr ahnte. Er griff sich einige Araber, faßte selber den Spaten – und legte einhunderteinundvierzig Sphinxe frei!

Heute nennen wir den wesentlichen Teil der Gesamtanlage dessen, was sich dort bei Sakkara über und auch unter dem Sande befand, das «Serapeum» oder »Serapeion» nach dem Gotte Serapis. – Auch *unter* dem Sande? Die Sphinxallee verband zwei Tempel miteinander. Und als Mariette sie gefunden hatte (außer den wohlerhaltenen Sphinxen noch eine Unzahl von Fundamenten, deren «Löwenmenschen» gestohlen und verschleppt worden waren), als er sie befreit hatte vom ewig wehenden Sand, der sich auch heute längst wieder über das Serapeum gelegt hat, da hatte er gleichzeitig etwas anderes gefunden, was stets im Zusam-

Der Apis-Stier. Das weiße Dreieck auf seiner Stirn ist eins der Kennzeichen, die ihn vor allen anderen Stieren heiligsprachen.

Gott Ptah, der Schöpfer der Welt

menhang mit der Sphinxallee genannt worden war: die Gräber der heiligen Apis-Stiere! Es war eine Entdeckung, die uns in gewisse Kultformen der Ägypter einen tiefen Einblick gewährte; in die Art einer religiösen Verehrung, die uns fremd ist, unheimlich, und die schon den alten Griechen so fremd und unheimlich war, daß sie sie in ihren Reiseberichten als ungewöhnlich, absonderlich vermerkten.

Die Götter der Ägypter nahmen erst spät Menschengestalt an. Sie waren dem religiösen Bewußtsein der Alten inkarniert in Zeichen, Pflanzen und Tieren. Göttin Hathor lebte in einer Sykomore, Gott Nefertem als Lotosblume, Göttin Neith wurde als ein Schild verehrt, auf dem zwei Pfeile kreuzweise aufgenagelt waren. Vor allem aber sollte sich die Gottheit in Tiergestalt zeigen. Gott Chnum war ein Widder, Gott Horus ein Falke, Thout ein Ibis, Suchos ein Krokodil, die Göttin von Bubastis eine Katze, die von Buto eine Schlange.

Neben diesen Göttern in Tiergestalt aber wurde das Tier selbst verehrt, wenn es durch gewisse Merkmale gezeichnet war. Und das bekannteste, dem der pomphafteste Kult zuteil wurde, der jemals einem Tier auf dieser Erde zuteil geworden ist, war Apis, der heilige Stier von Memphis, den die Ägypter für den «Diener des Gottes Ptah» hielten.

Im Tempel selber war der Aufenthalt dieses heiligen Tieres. Priester pflegten ihn. Starb er, so wurde er unter feierlichen Zeremonien einbalsamiert und bestattet, und ein neuer mit denselben Merkmalen nahm seine Stelle ein. Friedhöfe entstanden, des Andenkens von Göttern und Königen würdig. Die Katzengräber von Bubastis und Benihasan gehören zu diesen Tierfriedhöfen, die Krokodilgräber von Ombos, die Ibisgräber von Aschmunen, die Widdergräber von Elephantine. Es waren Kulte, die das ganze Land durchzogen, die im Lauf der ägyptischen Geschichte unzählige Verwandlungen durchmachten, ortsgebunden das eine Mal mächtig emporflackerten, dann wieder für Jahrhunderte versanken. (Und wen von uns das allzu sonderbar dünkt und vielleicht lächeln machen sollte, der möge sich vorzustellen versuchen, wie absurd alle Angehörigen fremder Kulturkreise etwa unseren Kult mit der Jungfrau von der Unbefleckten Empfängnis empfinden müssen.)

Mariette stand auf dem Friedhof der heiligen Apis-Stiere! Wie bei den Gräbern der Vornehmen erhob sich über dem Eingang eine Kapelle. Ein schräger Schacht führte hinab in die Grüfte, in denen seit den Zeiten des großen Ramses alle Apis-Stiere gemeinsam schlummerten. Ein hundert Meter langer Gang barg die Grabkammern. In Erweiterungsarbeiten, die bis in die Ptolemäerzeit gingen, wurden die Gänge bis auf dreihundertfünfzig Meter verlängert. Welch ein Kult!

Unterm flackernden Licht der Fackeln, Arbeiter hinter sich, die kaum zu flüstern wagten, schritt Mariette von Grabkammer zu Grabkammer. Die Steinsarkophage, in denen die Stiere ruhten, waren aus schwerem schwarzem und rotem Granit, jeder aus einem einzigen polierten Stück, mehr als drei Meter hoch, mehr als zwei Meter breit und nicht weniger als vier Meter lang. (Man hat das Gewicht dieser Blöcke auf je 65 000 Kilogramm berechnet!)

Von vielen der Sarkophage waren die Deckel zurückgeschoben. Mariette und seine Nachfolger fanden nur noch zwei, die unversehrt waren und Schmuckstücke enthielten. Die anderen waren ausgeplündert worden. Wann? Niemand weiß es. Von wem? Die Räuber sind namenlos – Räuber am Werke! Das war es, was alle Ägyptologen mit Leid und ohnmächtigem Zorn immer wieder entdecken sollten. Der ewig wandernde Sand, der Tempel und Grüfte und ganze Städte zudeckte, tilgte alle Spuren.

Mariette war in die dunklen Bezirke versunkener Kulte getaucht. Es sollte ihm beschieden sein (auf seine Grabungen und Forschungen in Edfu, Karnak und Der-el-Bahri können wir nicht näher eingehen), auch einen Blick in das reiche, farbige Alltagsleben der alten Ägypter tun zu dürfen.

Heute rastet der Tourist, emporgestiegen aus den Gräbern der Stiere, auf der Terrasse von «Mariettes Haus», zur Rechten die Stufenpyramide, zur Linken das Serapeum, schlürft arabischen Kaffee und läßt sich von redseligen Wächtern auf die Bilderwelt vorbereiten, die ihn nun erwartet.

Nicht weit vom Serapeum entfernt entdeckte Mariette das Grab des Hofbeamten und Großgrundbesitzers Ti. Wurde die letzte Hand an die Gräber der Stiere noch in der Ptolemäerzeit gelegt (in der dann allerdings die Arbeit so jäh unterbrochen wurde, daß ein schwarzer ungeheurer Granitsarkophag gleich hinter dem Eingang liegenblieb, ohne noch an Ort und Stelle geschafft zu werden), so war das Grab des reichen Ti uralt; es wurde bereits fertig, als sich 2600 Jahre v. Chr. soeben die Könige Cheops, Chefren und Mykerinos ihre Pyramiden errichtet hatten. Dieses Grab, Stätte des Todes, zeugte in einer Anschaulichkeit für Lebendiges wie kein Denkmal zuvor. Mariette wußte längst genug von den Bestattungsarten der alten Ägypter, um auch in diesem Grabe neben Schmuck aller Art Gegenstände des täglichen Gebrauchs und reiches Bildwerk, erzählende Reliefs, zu erwar-

Der große Herr Ti fährt durch die Papyrusdickichte.

ten. Was ihm aber hier von den Hallen und Korridoren entgegenleuchtete, übertraf alles, was man bis dahin an detaillierter Darstellung des täglichen Lebens gefunden hatte.

Der reiche Herr Ti hatte Wert darauf gelegt, alles, aber auch wirklich alles, was sich zu Lebzeiten an Handel und Wandel um ihn abspielte, auch im Tode um sich zu haben. Freilich, im Mittelpunkt aller Darstellungen steht er selber, der reiche Herr Ti, dreimal, viermal so groß wie die Sklaven und das niedere Volk, auch in den körperlichen Proportionen seine Macht und seine Bedeutung abhebend gegen die Minderen und Machtlosen.

Aber wir sehen in den sehr stilisierten, linearen, doch stets bis ins Detail gehenden Wandbildern und Reliefs nicht nur den Müßiggang der Reichen. Wir sehen: die Flachsbereitung, Schnitter beim Mähen, Eseltreiber, Dreschende, das Worfeln des Getreides; wir sehen eine Darstellung des gesamten Schiffbaues vor viereinhalb Jahrtausenden: das Behauen der Stämme, die Bearbeitung der Bretter, Handhabung von Dächsel, Handramme und Stemmeisen (was nur eine Werkzeugbezeichnung ist, denn das «Eisen» war Kupfer in diesen Zeiten). Wir erkennen die Handwerkzeuge mit aller Deutlichkeit und sehen, daß Säge, Beil und sogar Drillbohrer bekannt waren. Wir sehen Goldschmelzer und lernen, wie man damals Öfen mit hohen Temperaturen anblies; wir erblicken Bildhauer und Steinmetzen und sehen Lederarbeiter am Werke.

Wir sehen aber auch, und das immer wieder, welche Macht einem Beamten wie Herrn Ti gegeben war. Die Dorfschulzen werden ihm zur Abrechnung vor sein Haus getrieben, von Schergen über den Boden geschleift, roh und wüst am Halse gewürgt. Wir sehen endlose Reihen von Bäuerinnen, die ihm Gaben bringen, von Dienern, die Opfertiere herbeischleppen und schlachten (und so ins einzelne gehen die Bilder, daß wir erkennen, mit welchem Trick der Schlächter vor fünfundvierzig Jahrhunderten den Ochsen zu Fall brachte). Und wir blicken in Herrn Tis Privatleben wie durch ein Fenster seiner Wohnung: Herr Ti bei Tische, Herr Ti mit seiner Frau, mit seiner Familie. Herr Ti auf dem Vogelfang, Herr Ti mit Familie im Delta auf Reisen, Herr Ti – und das ist eines der schönsten Reliefs – auf der Fahrt in den Papyrusdickichten.

Aufrecht stehend gleitet er im Boot dahin, gequälte Ruderer ducken sich in die Riemen. Oben durchs Dickicht schwirren die Vögel. Das Wasser unter ihm wimmelt von Fischen und vom Getier des Nils. Ein Boot fährt voraus. Die Bemannung schleudert Harpunen in die Nacken von

Flußpferden, von denen eins ein Krokodil zerbeißt. Eine Darstellung, die, bei aller Geschlossenheit der Komposition, bei aller Klarheit und Sicherheit der Linienführung, für uns Heutige durchaus das Unheimliche birgt; Herr Ti fährt nicht nur durchs Dickicht der Papyrusstauden, er fährt durch alle Dickichte der Welt.

Der für die Zeit Mariettes unschätzbare Wert dieser Darstellungen lag kaum im Künstlerischen. Er lag darin, daß hier Darstellungen gegeben waren, die uns intimste Einzelheiten des täglichen Lebens der alten Ägypter verrieten; die uns nicht nur zeigten, was sie taten, sondern wie sie es taten. Diese Einsichten (die uns nicht nur das Grab des Ti gewährt, sondern daneben das des Ptahhotep, eines hohen Staatsbeamten, und ebenso das vierzig Jahre später entdeckte Grab des Mereruka – alle nahe beim Serapeum) in eine zwar sorgfältig ausgearbeitete, doch in den technischen Mitteln noch unendlich primitive Art (Sklavenkraft war alles), lassen die Leistung jener Menschen, die die Pyramiden erbauten, um so großartiger, aber für die Zeit Mariettes um so rätselhafter erscheinen. (Noch Jahrzehnte nach Mariette geisterten durch Presse, Fachbücher und Reiseberichte phantastischste Vermutungen darüber, mit welchen geheimen Mitteln die Ägypter ihre zyklopenhaften Bauten aufgeführt haben mögen. Dies Geheimnis, das kein Geheimnis war, sollte im Prinzip von einem Manne gelöst werden, der, als Mariette am Serapeum grub, gerade bei London geboren wurde.)

Acht Jahre nachdem Mariette von der Zitadelle von Kairo den ersten Blick auf das alte Ägypten getan, nach acht Jahren, in denen er während all seiner Ausgrabungen auf Schritt und Tritt dem großen Ausverkauf der ägyptischen Antiquitäten ohnmächtig hatte zusehen müssen, hatte er, der ins Nilland gekommen war, um einige Papyri zu kaufen, erreicht, was ihm als wesentliche Aufgabe vorgeschwebt hatte: Er gründete in Bulak das «Ägyptische Museum», und er wurde wenig später vom Vizekönig zum

Direktor der Ägyptischen Altertümerverwaltung und obersten Aufseher aller Ausgrabungen gemacht.

Das Museum wurde 1891 nach Gizeh verlegt und fand 1902 sein endgültiges Haus in Kairo, unweit der großen Nilbrücke, von Dourgnon in einem antikisierenden Stil erbaut, wie man ihn um die Jahrhundertwende nicht besser zu finden wußte. Das Museum war nicht nur Sammlung, es war auch Kontrollstation. Was von nun an in Ägypten entdeckt, zufällig gefunden oder planvoll ausgegraben wurde, gehörte dem Museum bis auf die Stücke, die den ernsthaften Ausgräbern, Archäologen und Wissenschaftlern aller Art als Ehrengeschenk überlassen wurden. Damit stoppte Mariette den Ausverkauf, den Raubbau in Antiquitäten, und bewahrte, ein Franzose, für Ägypten, was Ägypten von Rechts wegen gehörte. Und das dankbare Ägypten errichtete ihm im Vorgarten seines Museums ein Standbild, überführte nach seinem Tode den Leichnam und setzte ihn in einem Marmorsarkophag bei. –

Sein Werk wuchs. Unter seinen Nachfolgern, den Direktoren Grébaut, de Morgan, Loret und besonders Gaston Maspero, wurden alljährlich archäologische Unternehmungen veranstaltet. Unter Maspero wurde das Museum in einen aufsehenerregenden Kriminalfall verwickelt. Aber das gehört zum Kapitel um die Königsgräber. Vorher müssen wir in einem eigenen Kapitel des Mannes gedenken, der der vierte ist in der Reihe der großen, die Grundlagen schaffenden Ägyptologen, eines Engländers, der nach Ägypten kam, als Mariette sich schon zum Sterben bereitete.

5. Kapitel

Petrie und das Grab des Amenemhet

Es ist erstaunlich, in welcher Fülle sich augenblicklich gerade in der Archäologie die Frühbegabungen hervorgetan haben. Schliemann spricht als kaufmännischer Lehrling ein halbes Dutzend Sprachen, Champollion äußert sich als Zwölfjähriger zu politischen Fragen, Rich erregt bereits im neunten Lebensjahr Aufsehen. Und von William Matthew Flinders Petrie, der der große Messer und Deuter unter den Archäologen werden sollte, behauptet eine biographische Zeitungsnotiz, daß er bereits als Zehnjähriger außerordentliches Interesse an ägyptischer Spatenforschung gezeigt habe und schon damals den Satz prägte, der durch sein Leben hindurch Leitwort für ihn wurde: daß man nämlich, Ehrfurcht und Erkenntnisdrang ins rechte Verhältnis setzend, die ägyptische Erde Körnchen für Körnchen «abschaben» müßte, um nicht nur zu sehen, was sie in ihren Tiefen berge, sondern um auch zu erkennen, wie das Verborgene einst unterm Licht gelagert war. Diese Notiz (die hier der Kuriosität halber angeführt wird und nicht nachgeprüft werden konnte) erschien in London im Jahre 1892, als Flinders Petrie zum Professor am «University College» ernannt worden war (dies übrigens, mit neununddreißig Jahren, keineswegs besonders früh).

Fest steht, daß er bereits in jüngsten Jahren mit seinem Interesse für Altertümer eine Reihe von Neigungen verband, die bis dahin selten in solcher Verbindung aufgetreten waren und ihm später speziellen Nutzen bringen sollten. Er experimentierte in Naturwissenschaften, er interessierte sich mehr als dilettantisch für Chemie und trieb geradezu einen Kult mit dem, was die Grundlagen der exakten

Wissenschaften seit Galilei ausmachte, mit der messenden Mathematik. Zu gleicher Zeit trabte er durch die Londoner Antiquitätengeschäfte, prüfte das Erarbeitete am Objekt und klagte, ein Schüler noch, daß es auf dem Gebiet der Archäologie, speziell der Ägyptologie, noch durchaus an den grundlegenden Arbeiten fehle.

Was der Schüler vermißte, schuf der Mann. Seine wissenschaftlichen Publikationen umfassen neunzig Bände. Seine dreibändige «Geschichte Ägyptens» (1894–1905) ist der von außerordentlicher Forschungsfülle getragene Vorläufer aller späteren Arbeiten. Sein großer Bericht «Zehn Jahre Ausgräbertätigkeit in Ägypten 1881–1891» (erschienen 1892) ist noch heute erregend zu lesen.

Petrie, am 3. Juni 1853 bei London geboren, begann als Altertumsforscher in England und berichtete zuerst über Stonehenge, die neolithische Siedlung. Aber bereits 1880 ging er nach Ägypten, ein Siebenundzwanzigjähriger. Mit Unterbrechungen grub er sechsundvierzig Jahre lang, bis 1926.

Er findet die griechische Pflanzstadt Naukratis. Er gräbt aus den Schutthügeln von Nebesche einen Ramses-Tempel. Bei Kantara (einst führte dort die große Heerstraße von Ägypten nach Syrien, heute landen dort auf großem Platze Flugzeuge) «schabt» er aus den «Hügeln der Totengräber» ein Söldnerlager Psammetichs I. und identifiziert die Stätte mit dem griechischen Daphnae und dem biblischen Tachpanches. Schließlich steht er, wo zweihundert Jahre vor ihm, 1672, als erster aufmerksamer Abendländer der Gelehrte Vansleb, Pater aus Erfurt, schon stand: vor den Resten der zwei kolossalen Sandsteinstatuen des Königs Amenophis III., die schon Herodot erwähnt.

(«Memnonssäulen» hießen sie bei den alten Griechen. Wenn die Mutter Eos über den Horizont stieg, seufzte und klagte der Sohn Memnon mit einem Ton, der nicht menschlich war und dennoch zu Herzen aller ging, die ihn hörten. Strabo und Pausanias berichteten darüber. Viel später noch wartete Hadrian [130 n. Chr.] mit seiner Gattin Sabina auf die Klage des Memnon; sie wurden reich belohnt mit einem Tönen, das sie ergriff wie nichts zuvor. Septimius Severus ließ dann den oberen Teil der Statuen mit Sandsteinblöcken «wiederherstellen» – und der Klang verschwand. Noch heute haben wir keine einwandfreie wissenschaftliche Erklärung für das Entstehen des Tons, an dem nicht gezweifelt werden kann.)

Hier nagte der Wind der Jahrhunderte. Vansleb sah noch den unteren Teil wenigstens der einen Statue. Petrie steht nur noch vor Trümmern, kann nur noch schätzen und veranschlagt die Höhe jeder der einst dort thronenden Königsgestalten auf zwölf Meter. (Beim südlichen Koloß ist die Länge des Mittelfingers an einer Hand 1,38 Meter.)

Und schließlich findet Petrie, nicht weit davon, den Eingang zum Grab der Pyramide von Hauwara und damit das verschollene Grabmal des Amenemhet und seiner Tochter Ptah-nofru. Und dieser Fund endlich ist wert, auch heute noch genau erzählt zu werden. –

Eine vollständige Aufzählung seiner Grabungen kann hier nicht erfolgen und erübrigt sich in einem Buche, das keine Petrie-Biographie ist. Er grub sein ganzes Leben hindurch. Er spezialisierte sich nicht wie Evans, der ein Vierteljahrhundert allein dem Studium des Palastes von Knossos widmete. Er «schabte» tatsächlich ganz Ägypten ab, und er spazierte dabei durch drei Jahrtausende. Und er wurde, und das ist typisch für ihn, besonders Sachkenner des Kleinsten und Intimsten, was die Ägypter zu bieten hatten, der Keramik und gesamten Kleinplastik (er wirkte bahnbrechend, als er als erster die Kleinkunst zu zeitlichen Bestimmungen heranzog), und gleichzeitig des Größten und Erhabensten, was sie bis in unsere Zeit zurückließen, der ungeheuren, ragenden Todesmäler der Pyramiden!

Der Leser, in den letzten Abschnitten mehr mit Geschichte als mit Geschichten, mehr mit Aufzählungen als mit Erlebnissen bekannt gemacht, mag ungeduldig geworden sein.

Ich hoffe, er wird in den nächsten Kapiteln entschädigt werden.

Im Jahre 1880 erschien ein merkwürdiger Europäer auf dem Pyramidenfeld von Gizeh. Nach Untersuchung des Geländes fand er ein verlassenes Grab, das irgend jemand vor ihm bereits mit einer Tür versehen hatte – vielleicht hatte er es als Magazin benutzt. Der merkwürdige Mann teilte seinem Gepäckträger mit, daß er in diesem Grabe zu wohnen gedenke. Am nächsten Tage war er eingerichtet. Auf einer Kiste blakte eine Lampe, in der Ecke bullerte ein Kochherd. William Flinders Petrie war zu Hause. Und am Abend, zur Zeit der blauen Schatten, kroch ein splitternackter Engländer über die Trümmer am Fuß der Großen Pyramide, gewann den Eingang und tauchte, ein Gespenst in toten Räumen, ins brutheiße Grabmal. Nach Mitternacht kletterte er wieder empor; mit brennenden Augen, von Kopfschmerzen geplagt, schweißüberströmt, ein Mann entlassen aus dem feurigen Ofen – so hockte er vor seiner Kiste und kopierte die Notizen, die er in der Pyramide gemacht, die Messungen, die Längs- und Querschnitte, die Ganggefälle und Winkelmaße – und bereits die ersten Hypothesen. – Hypothesen wovon? Gab es Geheimnisse um die Pyramide, die vor aller Augen offen dalag seit Jahrtausenden? Herodot schon hatte sie bewundert (während er den Sphinx nicht erwähnte), und die Alten hatten sie eines der Sieben Weltwunder genannt. Wunder – das ist das Unerklärliche. Mußte nicht dem Menschen des 19. Jahrhunderts, des technisierten, rationalisierten, mechanisierten Zeitalters, bar des Glaubens und ohne Sinn für die Erhabenheit materieller Zwecklosigkeit, allein die Existenz der Pyramiden staunende Fragen aufgeben?

Man wußte, daß die Pyramiden Gräber waren, riesige Sarkophag-Häuser. Aber was um Himmels willen hatte die Pharaonen veranlaßt, in Verhältnissen zu bauen, die in der Welt nicht ihresgleichen hatten? (So glaubte man damals. Heute kennt man Mittelamerika und weiß, daß im Tolteken-Dschungel ähnliches geschah.) Was hatte sie gezwungen, aus ihrem Grabmal eine Festung zu machen, mit verborgenen Zugängen, mit blinden Türen, mit Sackschächten, die vor Granitblöcken jäh endeten? Was hatte den Cheops veranlaßt, einen Berg über seinen Sarkophag zu türmen? Zweieinhalb Millionen Kubikmeter Kalkstein? Der Engländer, der Nacht für Nacht halbblind, atemschnappend in der ausgetrockneten Luft der halbverschütteten Gänge arbeitete, war entschlossen, die Rätsel der Pyramide mit den wissenschaftlichen Methoden seines Jahrhunderts zu lösen, die Geheimnisse ihrer Herstellung und Bauweise, alles, was als Frage in dem auftauchte, der sie sah. Viele dieser Ergebnisse sind inzwischen bestätigt worden, viele auch widerlegt von neuer Forschung. Wenn wir jetzt über die Pyramiden sprechen, so benutzen wir nicht nur das, was einst Petrie entdeckte. Wenn wir Zahlen geben, so sind es die modernerer Forschung. Aber wenn wir uns auf die Spur jener setzen, die die Arbeit der Pharaonen ad absurdum führten, auf die Spur der Räuber, so werden wir uns wieder Petrie als Führer wählen.

Vor mehr als viereinhalb Jahrtausenden: Vom Nil herauf wälzte sich ein breiter Strom nackter Sklaven, hellhäutige und schwarze, plattnasige und wulstlippige und geschorene. Stinkend nach schlechtem Öl und Schweiß, nach Rettich, Zwiebeln und Knoblauch (Geld im Werte von sieben Millionen Mark wurde nach Herodot allein für die Nahrung an die Arbeiter der Cheopspyramide gezahlt), johlend und seufzend unter den Peitschenhieben der Aufseher, zogen sie über die polierten Platten der Granitstraße, die sich vom Nil herauf bis zum Bauplatz erstreckte, stöhnten unter der Last schulterschneidender Stricke und zerrten die riesigen, auf Walzen langsam rollenden Schlitten herbei, beladen mit den Steinen, von denen jeder mehr als einen Kubikmeter Rauminhalt hatte. Unter ihrem Geschrei, ihrem Gestöhn, ihrem Sterben wuchs die Pyramide. Sie wuchs zwanzig Jahre lang. Jedesmal wenn der Nil seine Schlammfluten über die Ufer warf, wenn alle Feldarbeit ruhte, wurden die Hunderttausend zusammengetrieben für Cheops, zum Bau des Grabmals, das «Echet Chufu» hieß, «Horizont des Cheops»!

Die Pyramide wuchs. 2 300 000 Steinblöcke wurden herangeschafft und aufeinandergetürmt durch Menschenkraft. Länger als 230 Meter war jede der vier Seiten. Höher als 146 Meter ragte schließlich die Spitze empor. Das Grab des einen Pharao ist fast so hoch wie der Kölner Dom, höher als der Stephansdom in Wien, weit höher als St. Peter zu Rom, die samt der Londoner St.-Pauls-Kathedrale sich bequem im Grab des Ägypters unterbringen ließe. Das gesamte Mauerwerk, gebrochen aus dem Felsen und Kalkstein diesseits und jenseits des Nils, umfaßt 2 521 000 Kubikmeter, aufgetürmt auf einer Grundfläche von fast 54 300 Quadratmetern. –

Heute fährt man mit einem Bus in 40 Minuten bis nahe ans Pyramidenfeld, empfangen von schreienden Dragomanen, Eseltreibern und Kamelhütern, die Bakschisch fordern. Das Stöhnen der Sklaven ist erloschen, das Pfeifen der Peitschen vom Nilwind verschluckt, der Geruch des Schweißes verweht. Was blieb, ist das ungeheure Werk. Eins? Viele – denn steigt man heute auf die Cheopspyramide (die die höchste und größte ist), schaut man südwärts (links liegt der Sphinx, rechts die zweite und dritte Pyramide, die des Chefren und des Mykerinos), so erhebt sich in der Ferne eine weitere Gruppe riesenhafter Pharaonenmäler, die Pyramiden von Abusir, Sakkara und Dahschur. Von vielen anderen zeugen nur noch die Ruinen. Die Pyramide von Abu Roasch ist abgetragen, so daß man von oben in die Grabkammer blicken kann, die einst verborgen war unter tausend Tonnen schweren Gesteins. Die Pyramide von Hauwara (in deren verschlammten Gängen Petrie 1889 den Spuren der Räuber folgte) und die von Illahun, um Felsenkerne herum aus ungebrannten Nilziegeln errichtet, sind verwittert. Und die «falsche Pyramide» («el Haram el-Kaddab» – weil sie den Arabern so völlig verschieden von allen anderen Pyramiden erschien) bei Medum bot die besten Angriffspunkte für Zerstörung, für Wetter und wehenden Sand, denn sie ist nie vollendet worden – und ragt dennoch vierzig Meter hoch empor. Pyramiden von den ältesten Zeiten bis zur Ära der äthiopischen Herrscher von Meroë – einundvierzig Pyramiden bilden allein die nördliche Gruppe des Feldes von Meroë und bergen vierunddreißig Könige, fünf Königinnen, zwei Kronprinzen! Pyramiden – erbaut unter Blut, Schweiß und Tränen. Grabmäler für einzelne, die Einzige waren und ihren Namen für Ewigkeiten von immer wieder anderen hunderttausend Namenlosen steinern gegen den Himmel schreiben ließen! Nur zum Ruhm? Nur aus monumentalem Willen zu steinerner Manifestation? Nur aus der Hybris der Mächtigen, die das Maß der Sterblichen verloren hatten?

Der Sinn des Pyramidenbaus ist nur aus der besonderen Art des religiösen Glaubens der Ägypter zu erfassen. Nicht aus ihrem Götterglauben – die Zahl der Götter ist unübersehbar; nicht aus ihrer Priesterweisheit – Riten und Dogmen haben Formwandlungen erlitten wie die Tempel des «Alten», «Mittleren» und «Neuen Reiches»; sondern aus der religiösen Grundvorstellung, daß der Weg des Menschen kontinuierlich über seinen leiblichen Tod hinaus weiterführe bis in alle Ewigkeit; daß das «Jenseits» das «Gegenland» von Himmel und Erde sei, bevölkert von den Verstorbenen, wenn ihnen – und das ist hier das wichtige – die rechten Bedingungen der Existenz mitgegeben werden konnten. Zu dieser rechten Existenz gehörte schlechterdings alles, was die Existenz des Lebenden begleitet hatte. Es gehörte das feste Haus dazu und die Nahrung, um Hunger und Durst zu stillen; die Dienerschaft, Sklaven und Beamte; alle Bedarfsgegenstände des täglichen Lebens. Vor allem aber war notwendig: Erhaltung des Körpers, völlig sicherer Schutz vor jedem verderblichen Einfluß. Nur dann war es möglich, daß die nach dem Tode frei umherflatternde «Seele» (ägyptisch «baj») den Körper, zu dem sie gehörte, wiederzufinden vermochte, ebenso wie sein Schutzgeist, der «Ka», die Personifikation seiner Lebenskraft, die mit ihm geboren wurde, aber nicht mit dem Tode des Leibes verging, sondern weiterlebte, um dem Verstorbenen im Jenseits die nötige Kraft zu gewähren – im Jenseits, wo das Getreide sieben Ellen hoch wächst, aber dennoch bestellt sein will.

Diese Vorstellung war es, die zweierlei bewirkte: die Mumifizierung der toten Körper (die wir auch bei den Inkas, den Maoris, Jivaros und anderen kennen, aber nicht im entferntesten so ausgebildet) und den festungsartigen Gräberbau. Denn jede Pyramide war eine Festung allein zum Schutz der innen verborgenen Mumie, doppelt, fünffach, zehnfach gesichert gegen jeden Feind, gegen Frevel und Ruhestörung.

Tausende von Lebenden wurden in der Fron geopfert, um dem einen Toten die ewige Sicherheit und das ewige Leben zu geben. Ein Pharao, der zehn, fünfzehn, zwanzig Jahre an seinem Grabe bauen ließ, ruinierte die Volkskraft, verschuldete nicht nur sich, sondern seine Kinder und Kindeskinder. Er schwächte die Finanzen des Reiches noch nach seinem Tode, denn sein Ka forderte ständige Opfer, ständigen Priesterdienst – ein vorsorglicher Pharao verschrieb die Einkünfte von nicht weniger als zwölf Dörfern vorweg allein den Priestern, die die Opferung für seinen Ka zelebrieren sollten.

Die Macht des Glaubens übertönte die Stimme jeder politischen und moralischen Vernunft. Das Werk der Pharaonen ist – und nur das ihre, denn der minder Mächtige begnügte sich mit der Mastaba, der Mann des Volkes mit dem Grab im Sand – die Frucht grenzenlos übersteigerter Egozentrik, die ein Denken in der Gemeinschaft nicht kannte. Die Pyramiden dienten nicht wie die ungeheuren Bauwerke der Christenheit, die Kathedralen und Dome, in erster Linie frommer Gemeinde; nicht wie die Babylonischen Türme, die Ziggurahs, waren sie an erster Stelle Sitz der

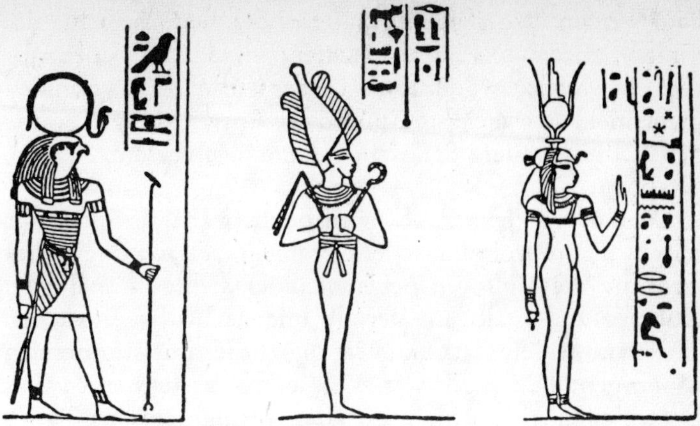

Ägyptische Götter. Links: Ra, die Sonne. Mitte: Osiris, der Todesgott. Rechts: Isis, die Gemahlin des Osiris, Göttin der Natur

Götter und Heiligtum für alle. Sie dienten in der Hauptsache nur ihm, dem Pharao; nur seinem toten Leibe, nur seiner Seele, seinem Ka.

Aber eins ist keine Frage: Die Größe der Mäler, die die Könige der IV. Dynastie vor siebenundvierzig Jahrhunderten errichteten, überschreitet das Maß, das Glaube, Religion und Sicherheit vorschrieben. Später sehen wir, daß sehr bald der Pyramidenbau solcher Größenordnung nachließ und schließlich erlosch; und zwar zu einer Zeit, da Könige regierten, die nicht minder absolute Herrscher waren als Cheops, Chefren und Mykerinos, ja, die gottähnlicher waren als die früheren Herrscher und die wie Sethos I. und Ramses II. durch eine noch größere Kluft getrennt waren von der fronenden Masse.

Der eine, allzu materialistische Grund, als daß er ausreichen könnte zur Erklärung für das Aufhören des großen Pyramidenbaues, liegt darin, daß die Kühnheit der Grabräuber wuchs, ja, daß sich in gewissen Dörfern die Räuberei durch Jahrhunderte hindurch als Erwerbszweig ausbildete: soziale Kompensation der ewig Hungrigen gegen die ewig Vollen. (Von diesen Räubern, die die Geschichte der Gräber zu einem Pitaval machten, werden wir noch hören.) Die Sicherheit der toten Leiber war in den Pyramiden nicht mehr gewährleistet, und diese Entwicklung erzwang neue, völlig andere Schutzmaßnahmen und damit andere Grabbauten.

Der andere Grund aber wird höchstwahrscheinlich nur durch die morphologische Geschichtsbetrachtung geliefert, die die Kulturen nebeneinander sieht, in analogem Aufstieg und analogem Verfall, und nach dem Erwachen einer Kulturseele stets die Neigung zur himmelstürmenden Monumentalität registriert. Und damit besteht trotz aller Verschiedenheit doch ein Zusammenhang zwischen babylonischer Ziggurah, romanisch-gotischem Kirchenbau des Abendlandes und den Pyramiden Ägyptens. Denn sie alle stehen am Anfang einer Kultur, in dem mit barbarischer Kraft das Ungeheure getürmt wird. (Denken wir daran, daß die frühen gotischen Kathedralen so groß gebaut wurden, daß die gesamte Bewohnerschaft der Stadt, die sie baute, sie nicht zu füllen vermochte.) Mit einer Kraft, die keine Hindernisse anerkennt, die aus dem Dunkel des Bewußtseins plötzlich die Rechenkünste notwendiger Statik gebiert, aus mühsamem Begreifen der Natur die ersten Gesetze notwendiger Mechanik!

Das 19. Jahrhundert, das Zeitalter des technischen Fortschritts, wollte nicht glauben, daß dies möglich gewesen sei. Der abendländische Techniker konnte nicht zugeben, daß solche Bauwerke ohne «Maschinen» entstehen konnten, ohne Flaschenzüge und wahrscheinlich ohne Winden und Kräne. Der Drang zur Monumentalität aber hatte die Schwierigkeiten überspielt, und die quantitative Kraft früher Kultur hatte die qualitative Kraft später Zivilisation ebenbürtig aufgewogen!

Die Pyramiden sind durch Muskelkraft erbaut worden. In vorgebohrte Löcher trieb man Hölzer und begoß sie mit Wasser, bis sie quollen: So sprangen die Steinquadern aus dem Mokattam-Gebirge. Auf Walzen und Schlitten rollte und zog man sie herbei. Schicht um Schicht wurde die Pyramide errichtet. Es ist eine der archäologischen Doktorfragen, ob nach einem oder nach mehreren Bauplänen (Lepsius und Petrie galten als die Antipoden – die neuere Forschung neigt sich Lepsius zu und nimmt mehrere Baupläne, sprunghafte Vergrößerungspläne an). Die Arbeit dieser Menschen vor 4700 Jahren war von solcher Art, daß man, wie Petrie sagte, die Fehler in den Längenmaßen und Winkeln der Großen Pyramide «mit dem Daumen zudekken konnte». Und sie fügten die Steine so, daß schon vor achthundert Jahren der arabische Schriftsteller Abd-el-Latif bewundernd bemerkte, was noch heute der Cook-Reisende in der großen Halle der Cheopspyramide mit Blitzlicht und Kamera feststellen kann: daß hier Meisterarbeit geleistet wurde, denn in die Fugen der Quader läßt sich «weder Nadel noch Haar» schieben! Und daß die alten Baumeister im Hinblick auf die Statik zuviel des Guten taten, wenn sie zum Beispiel in der eigentlichen Grabkammer zur Entlastung der Deckenträger aus Granit darüber fünf Hohlräume aussparten (obwohl nach moderner Überprüfung ein Hohlraum ausgereicht hätte), vermerkt ein Kritiker zu Unrecht – außer acht lassend, daß wir in einer Zeit der geröntgten T-Träger nicht nur unsere Brücken mit fünffacher, achtfacher oder zwölffacher Sicherheit zu bauen pflegen.

Noch lange werden die Pyramiden stehen. Von der des Cheops ist nur die Spitze abgebröckelt (ein Plateau von zehn Quadratmetern hat sich gebildet), und die glatte schmückende Verschalung, die Außenhaut aus feinem Mokattam-Kalkstein, ist bis auf wenige Reste herabgeglitten und gibt den gelblichen Kalkstein frei, der, in der Nähe gebrochen, das massive Material darstellt. Die Pyramide steht und mit ihr viele andere. Wo aber sind die Könige, die in ihnen Sicherheit finden wollten, angstfreie Heimstätte für ihren toten Körper und seinen Ka?

Und hier nun fand die Hybris der Pharaonen ihren Umschlag in die verdiente Tragik. Denen, die nicht in steinernen Festungen, sondern in Mastabas unter der Erde oder in einfachen Sandgräbern dörrten, wurde mehr Gerechtigkeit zuteil als den Herrschern. An vielen von ihnen schritten die Räuber vorüber. Der Granitsarkophag des Cheops aber ist verstümmelt und leer – wir wissen nicht, seit wann. Den Sarkophag des Chefren fand schon Belzoni 1818 mit zerbrochenem Deckel, angefüllt mit Geröll. Vom reichornamentierten Basaltsarkophag des Mykerinos fehlte bereits in den dreißiger Jahren des vorigen Jahrhunderts, als Colonel Vyse die Grabkammer fand, der Deckel; Teile des hölzernen Innensarges lagen in einem oberen Gemach herum, dazwischen Stücke der Königsmumie! Der Sarkophag ging zusammen mit dem Schiff, das ihn nach England bringen sollte, vor der spanischen Küste unter.

Millionen von Steinquadern sollten die toten Königskörper schützen; zugemauerte Gänge, architektonische Verschleierungstricks sollten jedermann abhalten, sich etwa freventlich zu bereichern. Denn Reichtum bargen die Grabkammern, kaum vorstellbare Schätze. Auch der tote König blieb ein König – und schlüpfte der Ka in die Mumie zu neuem Leben im Jenseits, so bedurfte er des Schmucks, der luxuriösen Gebrauchsgegenstände, des gewohnten kostbaren Geräts und der vertrauten Waffen aus Gold und edlen Metallen, geschmückt mit Lapislazuli, Edelsteinen und Kristallen. Schützten die Pyramiden wirklich? Es stellte sich heraus, daß sie gerade durch ihre Größe die Frevler nicht schreckten, sondern ihnen winkten. Ihre Quadern verbargen – aber ihre Größe rief allzu deutlich: Wir haben etwas zu verbergen!

So gingen die Räuber ans Werk – von den ältesten Zeiten bis zur Gegenwart, immer wieder. Mit welcher List, welcher Ausdauer, welcher korrupten Verschlagenheit – das sollte Petrie entdecken, als er im Grabmal des Amenemhet seine Enttäuschung erlebte.

Es ist nötig, einige Bemerkungen über das einzufügen, was seit etwa hundert Jahren in der Presse (auch in der Fachpresse) immer wieder als «Rätsel der Großen Pyramide» auftaucht.

Wir kennen das: Wo noch Ungewißheit vorliegt, ist weiter Raum für die Spekulation. Aber man muß unterscheiden zwischen Spekulation und Hypothese. Die letztere gehört zur Arbeitsmethode jeder Wissenschaft; sie geht vom gesicherten Ergebnis aus und eröffnet Möglichkeiten, hinter denen das Fragezeichen stets sichtbar bleibt. Die Spekulation dagegen ist ohne Hemmung. Meist sind nicht einmal die Ausgangspunkte «gesichert», sondern «gewollt», und stets ist das, was sich Folgerung nennt, nichts als eine Phantasie, die auf Traumsohlen die abwegigsten Pfade der Metaphysik, der dunkelsten Wälder der Mystik, der geheimnisvollsten Gefilde des falsch ausgelegten Pythagoras und der Kabbala beschreitet. Am gefährlichsten sind diese Spekulationen dort, wo sie sich mit der Logik zu paaren scheinen, jener Logik, der wir als Menschen des 20. Jahrhunderts stets Ovationen bereit halten.

Die ägyptischen Funde forderten zu Spekulationen heraus: Wir erwähnten bereits einige, als wir über die vorchampollionischen Deutungen der Hieroglyphen berichteten. Wir können hier den sehr modernen Versuch der Sir Galahad (es verbirgt sich eine Frau hinter dem Namen) hinzufügen, die in dem Buch «Mütter und Amazonen» nicht als diskutierbare These, sondern als kategorische Behauptung vorträgt, daß bei den Ägyptern in schon geschichtlicher Zeit ein ausgesprochenes Matriarchat bestanden habe. (Sir Galahad führt übrigens ihre Beweise mit einem so bestechenden Feuerwerk des Stils und der Sprache vor, daß man nur wünschen kann, es möge diese Kraft des Vortrags ein einziges Mal einem ernsthaften Archäologen gegeben sein.) Besonderer Erwähnung bedarf in diesem Zusammenhang Silvio Gesell, der Wirtschaftler und Schwundgeld-Theoretiker, der seit 1945 in Deutschland wieder viel von sich reden macht. Er blieb nicht in seinem Fach und erhob die strenge Frage: Kannte Moses das Pulver? Und er «beweist» mit außergewöhnlichem Scharfsinn, daß Moses am Hofe des Ramses (mit Hilfe des Schwiegervaters Jethro, der als Priester über geheime Kenntnisse verfügte) die Bundeslade als Sprengstofflaboratorium mißbrauchte. Das 2. Buch Mose, Kapitel 30, Vers 23–38, gibt ein Sprengstoffrezept. Der brennende Dornbusch, die ägyptischen Kriegswagen, die umstürzen und deren Räder durch geheimnisvolle Kräfte abgerissen werden, der Fels, der durch einen Schlag gesprengt wird, die Rotte Korah, die von der berstenden Erde verschlungen wird, die Mauern Jerichos, die auf Signal hin einstürzen – all dies ist nach Silvio Gesell Ergebnis der Wissenschaft, die in der Bundeslade ihre Fabrik gebaut hatte. Empfing nicht Moses unter Böllerschüssen und Rauchentwicklung die Gesetzestafeln? Brauchte der ungeschickte Laborant nicht vierzig Tage, um seine Brandwunden zu heilen?

Silvio Gesells Meinung unterstützt von naturwissenschaftlicher Seite her Johannes Lang, der unentwegte Verfechter der Hohlwelt-Theorie. Nicht immer haben wir eine so klare Selbstbezichtigung einer Spekulation.

Worauf es ankommt ist dies: Von alters her mußte gerade die Große Pyramide (die des Cheops – merkwürdigerweise keine andere) dazu herhalten, mystische Zahlenwunder zu liefern. Diese Zahlenmystik ist auf keinem anderen Niveau zu betrachten als die angeführten Beispiele. Daran ändert nichts, daß sich auch in unseren Tagen immer wieder ernsthafte Wissenschaftler (die auf speziellem Gebiet Hervorragendes leisten können) der Zahlenmystik ergeben.

Die Große Pyramide wurde oft als «Bibel in Stein» bezeichnet. Wir kennen die «Auslegungen» der Bibel. Die Auslegungen der Großen Pyramide erreichen sie nahezu. Aus dem Grundriß, aus der Lage der Tore, Gänge, Hallen

rechts: Die Büste der Königin Nofretete. Sie war die Gemahlin Echnatons und ihr Name bedeutet: «Die Schöne ist gekommen». Die Büste wurde 1912 in Amarna gefunden und ist aus bemaltem Kalkstein gefertigt. Sie diente wahrscheinlich nur als Modell für weitere Kopien. Für diese Theorie spricht die Büstenform und die Tatsache, daß nur ein Auge ausgemalt ist.

oben: Im Totentempel der Hatschepsut, in Der-el-Bahri bei Theben sind die Hauptereignisse aus der Regierungszeit der schönen und friedliebenden Königin als farbige Wandreliefs dargestellt.

links: Um 2500 v. Chr. wurden die Pyramiden von Giseh erbaut. Die Pyramiden, kolossale Königsgräber, zählten zu den sieben Weltwundern der Antike. Das obere Foto zeigt (von vorn nach hinten): die Pyramide des Mykerinos, die Pyramide des Chefren und die Pyramide des Cheops. Unteres Foto: Die 80 m lange, 22 m hohe und 4 m breite Sphinx aus Kalkstein bewacht in der Nähe des Dorfes Giseh die Cheops-Pyramide. Die Pyramide besteht aus mehr als 2 Millionen Steinblöcken, die im Durchschnitt über 2 1/2 Tonnen wiegen.

Relief einer Hofdame.

links: Relief aus den Gräbern der Könige und Noblen in Theben. Die Farben der Ägypter waren unseren Wasserfarben sehr ähnlich: ein Gemisch aus Farbstoff, Wasser und Wachs oder Leim als Bindemittel. Als Farbstoffe wurden Mineralien benutzt, weshalb die meisten Farben noch heute überraschend frisch aussehen. Eisenerz wurde für Blau, Rot und Gelb, zermahlenes Kupfererz für Grün, Kalk oder Gips für Weiß und Kohle für Schwarz benutzt.

Reliefs im Felsentempel von Ramses II (1290-1223 v. Chr.) bei Abu Simbel

Wand- und Säulenreliefs aus dem Grab Ramses IV. im Tal der Könige

Die Mumifizierung toter Herrscher für das Weiterleben im Jenseits ist in Ägypten schon seit dem 3. Jahrtausend v. Chr. bezeugt. Gehirn und Eingeweide wurden entfernt und in Krügen – sog. Kanopen – aufbewahrt. Danach folgte die Reinigung und erneute Füllung der Leibeshöhle mit Spezereien. Anschließend legte man den Körper zur Einbalsamierung 70 Tage in eine salzige Lösung. Gereinigt und mit Streifen feiner Leinwand umwickelt, wurde die Mumie dann der Familie zurückgegeben. Zur «Wiederbelebung» des Verstorbenen schloß sich das «Mundöffnungs»-Ritual an, wobei man der Mumie Speisen anbot. Nun erst war der Körper vorbereitet für die Wiedergeburt und die Vereinigung mit seinem Schutzgeiste «Ka».

Thronsessel aus dem Grabe Tut-ench-Amuns. Die hölzerne Rückenlehne ist mit Blattgold überzogen und mit Fayence-, Glas- und Stein-Einlagen verziert. Das Bild zeigt den jungen König mit seiner Gemahlin Anches-en-Amun, die ein Salbgefäß hält. Der König ist vermutlich in dem Alter dargestellt, in dem er starb – in seinem achtzehnten Lebensjahr.

Grabstätte eines Noblen in Theben. Die Geschichte der 18. Dynastie (1567–1320 v. Chr.) läßt sich von den Wandmalereien vieler Gräber ablesen. Die bildliche Verherrlichung der Taten der Verstorbenen ist uns heute eine wichtige Quelle.

oben: Eine aus Stein gemeißelte Statue des Falkengottes Horus bewacht den heute noch fast gänzlich erhaltenen Tempel des Horus in Edfu. Der Tempel wurde zwischen dem 3. und 1. Jahrhundert v. Chr. von den Ptolemäern erbaut.

rechts: Ägyptische Priester niederer Rangordnung hatten einen normalen Beruf. Sie waren Schreiber, Sänger, Dichter, Musiker oder Astrologen. Turnusmäßig verließen sie jeden vierten Monat ihr ziviles Leben und zogen für einen Monat in die Tempeleinsamkeit. Während ihres Tempeldienstes lebten sie ein Leben mönchischer Keuschheit und entfernten alle Haare ihres Körpers, auch Augenbrauen und Wimpern. Die abgebildete Figurengruppe stellt Ptamai, einen Priester niederer Rangordnung und dessen Familie dar (um 1250 v. Chr.).

Bis zu ihrem letzten Atemzug waren wohlhabende Ägypter damit beschäftigt, ihre Gräber herzurichten und mit den notwendigen Dingen auszurüsten. Künstler wurden zum Beispiel auch damit beauftragt, die Dienste von Mägden und Knechten an die Wände zu malen oder in Holzmodellen darzustellen. Oben: Bierbrauen. Unten: Pflügen. (Beide Modelle stammen aus der 12. Dynastie 1991–1786 v. Chr.).

rechts: Die Hockerstatue ist typisch für die massive Skulpturenform des Mittleren und Neuen Reiches. Der Kopf ist deutlich ausgeprägt, Rumpf und Glieder nur angedeutet. Hockerstatuen waren wegen ihrer großen Frontfläche für Hieroglypheninschriften besonders geeignet. Der einzige Zweck derartiger Grabskulpturen war, die Seele des Toten aufzunehmen und die Gestalt des dargestellten Menschen für ewige Zeiten zu verkörpern.

oben: Viele Tierarten galten bei den Ägyptern als Götter und wurden in Tempeln gehalten. Haushaltsgegenstände und Grabbeigaben wurden häufig mit Tieren geschmückt. Die abgebildete Liege befand sich im Grab des Tut-ench-Amun. Sie wurde von zwei vergoldeten Kühen getragen, die Hathor (Göttin der Liebe) darstellen. Die leierförmigen Hörner halten das heilige Symbol der Sonnenscheibe fest.

links: Die Ägypter besaßen Goldminen in der Ostwüste bei Koptos, im Wadi el-Hudi und im Wadi Alaki in Nubien. Das Goldgestein wurde durch Sklaven abgebaut, die den Rest ihres Lebens in den Minen verbringen mußten. Das in der Wüste geförderte Rohgestein brachten Trägerkolonnen unter militärischer Bewachung an den Nil, wo es zerkleinert und ausgewaschen wurde.
Die Minen waren sehr ergiebig. Man konnte es sich sogar leisten, größere Figuren zu vergolden (s. Abbildung). Der innere der drei Schachtelsärge des Tut-ench-Amun war 1,85 m lang, bestand aus purem Gold und wog 110 kg.

Die Gesichtsmaske des jungen Königs Tut-ench-Amun (um 1340 v. Chr.) lag direkt auf der Mumie, sie stellt wahrscheinlich ein porträtnahes Abbild des Königs dar. Die Maske ist aus Goldblech getrieben und mit Halbedelsteinen und Glasfluß eingelegt.

und der Grabkammer hat man die ganze Geschichte des Menschengeschlechtes abgelesen! Ein Forscher sagte auf Grund dieser in der Pyramide festgelegten «Geschichte» den Beginn des Ersten Weltkriegs für das Jahr 1913 voraus; und die Gläubigen notierten, daß er sich «nur um ein Jahr» geirrt habe.

Doch haben die Zahlenmystiker Material zur Hand, das bestürzend wirkt, wenn man es nicht sofort auf seine normale Bedeutung zurückführt. Tatsache ist zum Beispiel: Die Pyramiden sind genau nach den Himmelsgegenden ausgerichtet. So deckt sich die Diagonale der Cheopspyramide von Nordosten nach Südwesten in der Verlängerung mit der Diagonale der Pyramide des Chefren. Die meisten weiteren Feststellungen beruhen auf fehlerhaften Messungen oder auf Übertreibungen und ungebührlicher Ausweitung der Möglichkeiten, die jedes große Bauwerk liefert, wenn man mit sehr kleinen Meßeinheiten an seine Maße geht. Es sind inzwischen – seit den ersten Messungen durch Flinders Petrie – relativ genaue Maße von der Großen Pyramide genommen worden. Wir müssen uns darüber klar sein, daß auch jede moderne Messung nur eine ungefähre ist – denn der Belag der Pyramide ist nicht erhalten, ihre Spitze ist zerstört. Jede Zahlenmystik also, die ihre Beweise mit Zentimeter- und Zolleinheiten belegt, ist von vornherein diskreditiert. Hinzu kommt, daß wir den Ägyptern zwar außerordentliche Kenntnisse in der Astronomie zubilligen müssen, ihnen aber niemals eine Maßeinheit zedieren können, wie sie uns etwa im Pariser Urmeter gegeben ist (wir erinnern uns hier, um die ganze Fremdartigkeit der Gedankenwelt zu verstehen, die nicht wie die unsere stets aufs Exakte gerichtet ist, an das Fehlen des historischen Zeitgefühls).

Es ist nicht schwer, bei einem sehr großen Bauwerk mit sehr geringen Meßwerten in frappierender Weise zu operieren. Es ist ziemlich sicher, daß, wenn wir die Kathedrale von Chartres oder den Kölner Dom mit Zentimetermaßen betrachten, wir durch die rechte Addition, Subtraktion und Multiplikation die ungeahntesten Vergleiche mit kosmischen Zahlenwerten erzielen können. Höchstwahrscheinlich liegt auf dieser Ebene auch die Feststellung, daß die Zahl π nicht mehr als «Ludolfsche Zahl» zu betrachten sei, weil sie den Pyramidenbauern bereits bekannt gewesen ist.

Selbst wenn sich herausstellen sollte, daß die Ägypter wirklich astronomische und mathematische Erkenntnisse von besonderem Rang in den Maßen der Großen Pyramide festgelegt haben (Erkenntnisse, wie sie die moderne Wissenschaft erst im 19. und 20. Jahrhundert fand – zum Beispiel den wirklich genauen Sonnenabstand), so ist das kein Grund, diese Zahlenwerte in irgendeinen mystischen Bezug zu setzen oder gar Prophezeihungen aus ihnen herzuleiten.

Im Jahre 1922 gab der deutsche Ägyptologe Ludwig Borchardt nach eingehendem Studium der Großen Pyramide ein Buch heraus: «Gegen die Zahlenmystik an der Großen Pyramide bei Gizeh.» Hier finden wir Argumente, die dem Strom der Mystik die Wasser abgraben.

Petrie war einer der Archäologen, die sich durch keine Hindernisse schrecken lassen. Hartnäckig, unnachgiebig, spürfreudig und ausdauernd gräbt er 1889 einen Schacht in die Nilziegelpyramide eines Königs (von dem er zur Zeit des Grabens nicht einmal weiß, daß es Amenemhet III. ist, einer der großen seltenen Friedensherrscher Ägyptens), gräbt quer durchs Gestein, weil er den Eingang nicht finden kann – und stellt dann fest, daß andere vor ihm am Orte waren, noch findiger, noch ausdauernder, noch spürfreudiger als er; Menschen einer längst vergangenen Zeit auf grabschänderischem Wege, nicht mit der Absicht, vergangene Epochen bewundernd ans Licht zu heben, zur Ehre der Vergangenheit, zur Belehrung der Gegenwart, sondern um zu rauben! Es ist wichtig, daß gerade der unermüdliche Petrie es ist, der die bessere Unermüdlichkeit der Räuber rühmt.

Als er sich entschloß, die Pyramide – vom Dorfe Hauwaret-el-Makta erreichte er das Bauwerk in dreiviertelstündigem Eselsritt – in Angriff zu nehmen, suchte er den Eingang da, wo er bei fast allen Pyramiden zu finden gewesen war: auf der Nordseite. Er fand ihn nicht – genausowenig wie ihn seine Kollegen vor ihm gefunden hatten. Er fand ihn auch nicht auf der Ostseite, und er beschloß, statt mühsame Suchzeit zu vertun, einen Tunnel quer ins Mauerwerk zu treiben.

Der Entschluß war großartig. Petries technische Mittel waren beschränkt. Er wußte, daß schwere Arbeit vor ihm lag. Aber er ahnte kaum, daß er wochenlang schürfen sollte. Und man muß sich mit aller Kraft der Phantasie vorstellen, was es nach solcher Mühsal in ägyptischer Hitze, mit unzulänglichen Werkzeugen und immer wieder renitenten Arbeitern bedeutete, wenn Petrie in dem Augenblick, da er das letzte Mauerstück zur glückhaft gefundenen Grabkammer löste, feststellen mußte, daß Schnellere ihm zuvorgekommen waren.

Wieder treffen wir hier auf das Gefühl, das so oft als einziges dem Forscher am Ende seiner Mühe winkt: die entsetzliche Enttäuschung, die nur die Starken frei von Lähmung hält. (Genau zwölf Jahre später hätte ein ähnlicher Fall ihm wenigstens Genugtuung der Schadenfreude geben können. Moderne Genossen der antiken Grabräuber erbrachen das Grab Amenophis' II. [der um 1420 v. Chr. gestorben war] und zerschnitten auf der Suche nach königlichen Schätzen die Hüllen der Mumie. Sie wurden enttäuscht – und als Kollegen ihrer Vorgänger sicher bitterer noch als Petrie. Die Zunftgenossen vor 3000 Jahren hatten ihr Handwerk bereits so gründlich besorgt, daß für die Nachfahren aber auch nicht das geringste mehr geblieben war.)

Das Loch, das Petrie geschaffen hatte, war zu eng für seine Schultern. Er konnte nicht abwarten, bis es erweitert war. Er band einen ägyptischen Jungen an ein Seil, gab ihm ein Licht in die Hand und schickte ihn in die dunkle Kammer. Der warme Flackerschein der Kerze fiel auf zwei Sarkophage – aufgebrochen, leer!

Dem Wissenschaftler blieb nur noch der Versuch, trotz der Räuberei festzustellen, wessen Grab er angebrochen hatte. Neue Schwierigkeit! In die Pyramide war das Grundwasser eingedrungen. Als Petrie das erste Loch erweitert hatte und die Grabkammer selbst betrat, stand er im Wasser, wie später in einem Schachtgrab, das ihm eine schmuckbeladene Mumie schenken sollte. Genausowenig wie später ließ er sich hier abschrecken. Mit einem Spaten stocherte er den Boden ab, Zoll für Zoll. Und dann fand er ein alabasternes Gefäß, auf dem der Name Amenemhet stand. Und in einer zweiten Kammer fand er zahllose Opfergaben, alle namentlich gewidmet der Prinzessin Ptahnofru, der Tochter des dritten Amenemhet.

Amenemhet III., König der XII. Dynastie, regierte von 1849 bis 1801 v. Chr. (nach Breasted). Seine Familie regierte insgesamt 213 Jahre, und die Zeit, da Amenemhet III. die beiden Kronen Ägyptens trug, war eine der glücklichsten in diesem Lande, das von Kriegen nach außen (gegen barbarische Randvölker) und nach innen (gegen die stets aufständischen Gaufürsten) jahrhundertelang verheert worden war. Amenemhet sorgte für Frieden. Seine zahllosen Bauwerke – darunter die Eindämmung eines ganzen Sees – dienten ebenso profanen wie religiösen Zwecken, seine Maßnahmen sozialer Art sind für die Begriffe abendländischer Zivilisation kaum bemerkenswert, für das unvorstellbar klassengespaltene – und allein auf Sklavenwirtschaft aufgebaute – Ägypten bedeutend.

> «Er macht Ägypten grünen mehr als der große Nil,
> Er hat die beiden Länder mit Stärke gefüllt,
> Er ist Leben, das die Nasengänge kühlt,
> Die Schätze, die er gibt, sind Speisen denen, die ihm folgen,
> Er nährt die, welche seinen Pfad betreten.
> Der König ist Nahrung, und sein Mund ist Überfluß.»

Das Grab dieses Königs gefunden zu haben, diente Petrie zur Ehre – der Wissenschaftler durfte nicht völlig unbefriedigt sein. Den Spatenforscher aber, den Digger, mußte noch anderes reizen. Auf welchen Wegen waren die eingedrungen, die ihm zuvorgekommen waren? Wo war der wirkliche Eingang zur Pyramide? Hatten die Räuber die Tür entdeckt, die er und die Forscher vor ihm vergeblich gesucht hatten? – Die Räuber hatten sich den Architekten auf die Spur gesetzt. Petrie setzte sich auf die Spur der Räuber.

Das war, ungezählte Jahre nach dem Raubzug, ein Unternehmen, das der Tunnelgrabung nur wenig nachstand – denn die Grundwasser waren emporgestiegen, Dreck, Ziegelreste und Geröll hatten sich zu zähem Schlamm vereinigt, und es gab Durchlässe, die Petrie, der Unermüdliche, auf dem Bauch kriechend, schwer atmend, Schlamm in Mund und Nase, «robbend» überwinden mußte. Er wollte wissen, wo der wirkliche Eingang war! Und er fand ihn. Er war – entgegen allen bisherigen Erfahrungen, entgegen aller ägyptischen Tradition – auf der Südseite! – Dennoch hatten ihn die Räuber gefunden! War es ein Wunder, daß sich Petrie, in seiner Forscherehre erschüttert, fragte, ob dies «Finden» mit rechten Dingen zugegangen sei? Ob es wirklich nur Frucht reinen Scharfsinns gewesen sei, nur Ergebnis unermüdlicher Ausdauer? Er schöpfte einen Verdacht, dem er nachging.

Er schritt systematisch den Weg ab, den die Räuber gegangen waren. Er stand vor allen Hindernissen, denen die Räuber sich gegenüber gesehen hatten. Und stets befragte er seinen eigenen Scharfsinn. Und keineswegs immer gab ihm sein Verstand die Antwort, die die Räuber gefunden hatten. Welch geheimnisvoller Instinkt hatte die Räuber durch die zahllosen Fallen, Tricks und Kniffe der pharaonischen Architekten geleitet? – Da war eine Treppe, die in einer ausweglosen Kammer jäh endete. Die Räuber hatten offenbar schnell gefunden, daß der Ausweg das Dach der Kammer war, das ganze Dach, eine ungeheure Falltür. Sie waren durchgebrochen, mühsam, wie sich moderne Geldschrankknacker durch eine Tresortür schweißen. Aber wo befanden sie sich dann? In einem Gang, der angefüllt war mit massiven Steinblöcken. Petrie, der Fachmann, konnte abschätzen, welcher Arbeit es bedurft hatte, um diesen Gang nur aufzuräumen. Und er konnte sich die Gefühle der Räuber vorstellen, als sie nach ihrer Bewältigung wiederum auf eine Kammer ohne Ausweg stießen und dann, nach erneuter Wegräumung der Hindernisse, auf eine dritte Kammer ohne Tür. Und schließlich schwankte er in seiner Bewunderung – sollte er den Instinkt der Räuber (die aus allen Schwierigkeiten stets den richtigen Ausweg gefunden hatten) oder ihre Ausdauer höher schätzen? Es war keine Frage – sie mußten Wochen, Monate, vielleicht ein Jahr und länger gegraben haben. Und unter welchen Umständen? Vielleicht in der Furcht vor den Wächtern, den Priestern, auch den opfernden Besuchern, die dem großen Amenemhet Gaben brachten? Oder war es ganz anders gewesen? – Petries Ehrgeiz, des Mannes, der selber soviel Scharfsinn und Erfahrung einzusetzen hatte bei der Überwindung der Schwierigkeiten, die die alten Architekten zum Schutz der Könige bewußt den künftigen Frevlern in den Weg gebaut hatten – dieser ehrgeizige Stolz zwang ihn zu leugnen, daß der Scharfsinn niederer räubernder Ägypter vor Hunderten von Jahren allein ausreichend gewesen sein sollte, diese verschlungenen Wege aufzudecken. Konnte es möglich sein – wofür die ägyptische Literatur gewisse Anhaltspunkte bot –, daß die Räuber sozusagen fachmännische Hilfe gehabt hatten? Daß vielleicht die Priester und Wächter ihnen mit geheimem Wissen, mit Hinweis und Unterstützung zur Hand gegangen waren, korrupte Angehörige bereits korrumpierter Beamtenklasse? Damit kommen wir zum großen «Räuberkapitel» der ägyptischen Geschichte, das in grauer Zeit begann, im «Tal der Könige» seine erregende Fortsetzung fand und vor gar nicht allzu langer Zeit in einem modern anmutenden Kriminalfall seinen Höhepunkt erreichte.

6. Kapitel

Räuber im «Tal der Könige»

Zu Beginn des Jahres 1881 reiste ein wohlhabender kunstinteressierter Amerikaner den Nil aufwärts bis Luxor, bis zu dem Dorf, das gegenüber der alten Königstadt Theben liegt. Er wollte einige Altertümer kaufen. Er verachtete den offiziellen, seit dem Einfluß Mariettes allzu streng geregelten Verkaufsverkehr und verließ sich auf seinen Instinkt. Der trieb ihn des Abends in die dunklen Gassen, in die Hinterstuben des Basars und brachte ihn schließlich mit einem dunklen Ägypter zusammen, der ihm einige offensichtlich echte und wertvolle Gegenstände anbot.

Die Methode des Amerikaners möge uns Gelegenheit zu einer kleinen Abschweifung geben. Heute warnt jeder Reiseführer den Touristen vor dem «schwarzen» Ankauf von Antiquitäten. Mit Recht – die meisten sogenannten «Antiquitäten» sind in moderner ägyptischer Heimindustrie hergestellt oder sogar aus Europa eingeführt. Mit äußerst erfindungsreichen Tricks versuchen die schwarzen Händler, Echtheit vorzutäuschen. Selbst ein so guter Kunstkenner wie der deutsche Kunsthistoriker Julius Meier-Graefe fiel in den zwanziger Jahren auf einen solchen Trick herein. Er fand im Sand – unwissentlich vom geschäftstüchtigen Fremdenführer geleitet – eine kleine Statue. Der Umstand des Selber-Findens ließ ihn an der Echtheit der «Antiquität» nicht zweifeln. Er «bestach» den Führer, um sich dessen Verschwiegenheit zu sichern. Unterm Rock schaffte er die kleine Arbeit ins Hotel. Um sich einen Sockel dazu zu besorgen, suchte er einen Händler auf und fragte ihn dabei, wie er das Stück fände. Der Händler lächelte. Und Julius Meier-Graefe schreibt: «Der Händler bat mich in das hintere Gelaß des kleinen Ladens, öffnete einen Schrank und zeigte mir vier oder fünf haargenau gleiche Stücke, jedes bedeckt mit tausendjährigem Sand. Sie kommen aus Bunzlau, aber er bezog sie von dem Agenten in Kairo, einem Griechen.»

Durch welche merkwürdigen Späße – außerhalb der Fälscherei als Erwerbszweig – auch die Wissenschaft mit Überraschungen rechnen muß, geht aus der autobiographischen Erzählung eines modernen französischen Romanciers, Kommissars in China und Kultusministers des Generals de Gaulle hervor, an der zu zweifeln kein Grund ist, die aber natürlich nicht als Beispiel für viele andere gelten darf und hier nur als Kuriosum wiedergegeben wird. Im Jahre 1925 traf Malraux in einer Bar in Singapur einen russischen Sammler, der auf Kosten des Bostoner Museums reiste, um Kunstgegenstände anzukaufen. Nach dem ersten russischen Redeschwall zeigte er ihm fünf kleine Elfenbeinelefanten, die er eben einem Inder abgekauft und wie die Orgelpfeifen vor sich auf den Tisch gestellt hatte. «Sie sehen, lieber Freund, ich kaufe kleine Elefanten. Wenn wir Ausgrabungen machen, stecke ich sie in die Gräber vor dem Wiederzuschütten. Fünfzig Jahre später werden andere Leute, wenn sie die Särge wieder öffnen, sie hübsch patiniert und verwittert drinnen finden und sich furchtbar darüber den Kopf zerbrechen ... Ich mache gern denen, die nach mir kommen, ein wenig Kopfzerbrechen; auf einem der Türme von Angkor-Wat, lieber Freund, habe ich eine äußerst unanständige Inschrift in Sanskrit eingraviert; hübsch verschmiert, sieht sie sehr alt aus. Irgendein Pfiffikus wird sie entziffern. Man muß die biederen Menschen ein bißchen ärgern ...»

Nach dieser Abschweifung zurück zu dem Amerikaner, der zwar als Ägyptologe Dilettant, aber doch nicht ohne Sachkenntnis war. So geriet er bei dem Angebot des Ägypters in eine gewisse Erregung und kaufte, ohne die Gepflogenheit des orientalischen Feilschens solchem Angebot gegenüber gebührend zu berücksichtigen, einen Papyrus, wie

Im «Tal der Könige». Hinter der niedrigen Steinmauer im Vordergrund beginnt der Gang, der zum Grabe Tut-ench-Amuns führt. Links daneben, in den bebauten Hügel hineinstoßend, der Eingang zum Grab Ramses' VI. Das Bild gibt einen guten Eindruck davon, mit welcher Intensität die Archäologen in diesem Tale gruben; hier blieb kein Stein an seinem Platze.

er ihn in solcher Wohlerhaltenheit und Schönheit bis dahin selten gesehen hatte. Er verbarg ihn in seinem Koffer und reiste, Zoll und Polizeikontrolle hintergehend, schleunigst ab. Als er, in Europa angekommen, den Papyrus von einem Experten untersuchen ließ, wurde er belehrt, daß er in der Tat nicht nur eine ungewöhnliche Kostbarkeit erstanden, sondern darüber hinaus – allerdings ohne sein weiteres Zutun – nun eine sehr sonderbare Angelegenheit ins Rollen gebracht hatte.

Bevor wir darüber berichten, müssen wir aber einen Blick auf die ganz ungewöhnliche Geschichte des «Tals der Könige» werfen.

Das «Tal der Könige» oder, wie man auch sagt, die «Königsgräber von Bilban-el-Muluk» liegen auf dem Westufer des Nils, gegenüber von Karnak und Luxor (wo sich die ungeheuren Säulensäle und Tempel des «Neuen Reiches» erheben), und gehören zu dem weiten, jetzt wüsten Gelände, das einst die Nekropole Thebens trug. Dort entstanden im «Neuen Reich» die Grüfte für die vornehmen Toten, aber auch die Tempel für die Könige und die zu Ehren des Gottes Amun.

Die Verwaltung und der ständige Ausbau dieser riesigen Totenstadt bedurfte einer Unmenge von Personal, das einem besonderen Beamten, dem «Fürsten des Westens und Obersten der Nekropolensöldner», unterstand. Die Wachmannschaften wohnten in Kasernen; und in Häusergruppen, die schließlich die Größe kleiner Dörfer annahmen, lebten die Erd- und Bauarbeiter, die Steinmetzen und Maler, die Künstler aller Art und schließlich die Balsamierer, die Mumifizierer, die das Sterbliche bewahrten und die ewige Hülle schufen für den Ka.

Das war, wie gesagt, zur Zeit des «Neuen Reiches», als die Mächtigsten herrschten, die je über Ägypten regierten, die «Söhne der Sonne», der erste und der zweite Ramses. Es war die Zeit der XVIII., aber vor allem der XIX. Dynastie von ungefähr 1350 bis 1200 v. Chr., es war, denkt man in den Spenglerschen Analogien, unsere Gegenwart, die Herrschaft der nahezu reinen Zivilisation, die Ausbildung des «Cäsarismus». Was sich dort geschichtlich vollzog, geschah «gleichzeitig» im cäsarischen Rom, das die monumentale Kultur Griechenlands im nur noch Kolossalen endgültig aufgehoben hatte, genau wie die pyramidale Größe der alten Ägypter sich im «Neuen Reich» in den protzenden Bauten von Karnak, Luxor und Abydos aufgelöst hatte; es geschah zur «selben Zeit» durch Sanherib in Ninive, dem «assyrischen Rom»; es zeigte sich (immer Spengler folgend) beim chinesischen Cäsar Hoang-ti und in den indischen Riesenbauten seit 1250. Es war die Zeit, da der Kultur der Ägypter geschah, was uns geschieht, den Abendländern der Neuen Welt um New York, die Wolkenkratzerstadt.

Zu Beginn des Wachstums dieser größten Totenstadt, die wir kennen, besonders aber zu Beginn jeglicher Bautätigkeit im «Tal der Könige», stand einer der bemerkenswertesten Entschlüsse des Königs Thutmosis I. (1545 bis 1515 v. Chr.). Er ist bemerkenswert für die ganze weitere Geschichte der regierenden Dynastien Ägyptens, ja, höchstwahrscheinlich auch von Bedeutung (obwohl Untersuchungen in dieser Richtung, die über das Fachgebiet des Archäologen bedeutend hinausgingen, kaum vorgenommen worden sind) für die Festlegung des Zeitpunktes, in dem sich die traditionsgebundene, beseelte ägyptische «Kultur» in die traditionsleugnende, stark entseelte und jede gewachsene Form zertrümmernde «Zivilisation» verwandelte.

Wie dem auch sei: Thutmosis I. faßte als erster König den Entschluß, sein Grab von seinem Totentempel zu trennen – ganze anderthalb Kilometer – und seinen Leichnam nicht mehr in weithin sichtbarem, prunkvollem Grabmal beizusetzen, sondern in verborgener Felsenkammer! Das klingt unserem Ohr wenig bedeutsam. Aber was Thutmosis anordnete, war ein völlig abrupter Bruch mit einer siebzehnhundertjährigen Tradition.

Er schuf seinem Ka, damit seinem Fortleben nach dem Tode, unabsehbare Schwierigkeiten, indem er den Tempel vom Grab trennte, dem Tempel, in welchem zu den Festzeiten die Opfergaben dargebracht wurden, die der Existenz des Ka so notwendig waren. Aber – und das ist der äußere Anlaß zu diesem Entschluß, er glaubte durch solche Maßnahme eine Sicherheit gewonnen zu haben, die seinen Vorgängern, wie die Erfahrung der geschändeten Gräber gezeigt hatte, nicht gegeben war. Triebkraft der Anweisungen, die er seinem Baumeister Ineni gab, war die Angst, die trotz aller rationalistischen Zersetzung, aller Verweltlichung der Religion (die XXI. Dynastie bereits bestand aus Priestern des Amun, «Priesterkönigen»; vorher war ihre Macht im Staat stetig gewachsen) noch mächtig lodernde Angst vor der Zerstörung seiner Mumie, der Schändung seines Grabes. Bei Beginn der XVIII. Dynastie aus Theben gab es in ganz Ägypten kaum noch ein Königsgrab, das nicht beraubt worden war, kaum hervorragende Mumien, die nicht eines Teils ihrer «magischen Rüstung» entkleidet und damit für ewig geschändet waren. Und selten nur waren die Grabräuber gefaßt worden, hin und wieder vielleicht waren sie überrascht worden und hatten einen Teil ihrer Beute im Stich lassen müssen. Fünfhundert Jahre vor Thutmosis wurde der Frevler, der die Mumie der Gemahlin des Königs Zer zum besseren Transport gerade zerstükkelt hatte, gestört und verbarg einen der eingetrockneten Arme in aller Eile in einem Mauerloch des Grabes, wo ihn englische Archäologen im Jahre 1900 fanden – unversehrt, unter den Binden noch einen kostbaren Ring aus Amethyst- und Türkisperlen.

Ineni hieß der oberste Baumeister des Thutmosis. Wir können uns nur vorstellen, wie die Beratung zwischen Herrscher und Architekt vor sich gegangen sein mag. Nachdem der Entschluß, die Tradition zu durchbrechen, einmal gefaßt war, ist sicher der einzige Ausweg, dem Schicksal seiner Vorgänger zu entgehen, von Thutmosis schnell erkannt worden. Der Ausweg hieß Geheimhaltung, absolute Geheimhaltung von Bauort und Grabanlage.

Durch die Eitelkeit des Baumeisters Ineni wissen wir heute, wie das Werk vor sich ging. Auf den Wänden seiner eigenen Grabkapelle hinterließ er im Rahmen einer ausführlichen Lebensgeschichte auch den Bericht über den Bau des ersten Schachtgrabes. Und der Satz, auf den es ankommt, lautet: «Ich allein überwachte den Ausbau des Felsengrabes Seiner Majestät. Niemand sah es, niemand hörte es!» Ein moderner Archäologe aber, einer der besten Kenner des «Tals der Könige» und aller Bauschwierigkeiten dort (Carter), schätzt die Zahl der Arbeiter, die Ineni zweifellos beschäftigt haben mußte, auf über hundert. Und er schreibt, nüchtern und ohne moralische Wertung: «Es ist begreiflich, daß hundert oder mehr Arbeiter, die von des Königs teuerstem Geheimnis wußten, nicht frei umhergehen durften, und Ineni fand sicherlich wirksame Mittel, sie zum Schweigen zu bringen. Möglicherweise ist das Werk von Kriegsgefangenen ausgeführt worden, die man nach seiner Vollendung umbrachte!»

Hat der ungeheuerliche Bruch mit der Tradition zu dem Ergebnis geführt, das Thutmosis wünschte? Sein Gab ist das erste im «Tal der Könige», in der steil abfallenden Rückwand des einsamen, düsteren Talkessels. Er bohrte eine steile Treppe in den Fels und legte das Grab im Prinzip so an, wie es fünfhundert Jahre lang alle späteren Baumeister der Pharaonen taten, so daß die Griechen, von der Form der schlauchartigen Gräber ausgehend, sie «Syringe» nannten, nach der Syrinx, der langen Hirtenflöte. (Strabo, der griechische Reisende im letzten Jahrhundert v. Chr., beschrieb schon vierzig «der Besichtigung werte Gräber».)

Wir wissen nicht, wie lange Thutmosis wirklich seine Ruhe gehabt haben mag. Wir wissen nur, daß es – in den Maßen der ägyptischen Geschichte gerechnet – nicht allzu lange gewesen sein kann. Zusammen mit seiner Tochter und anderen Mumien wurde er eines Tages verschleppt – nicht durch Räuber, sondern zum Schutz vor Räubern, weil selbst sein Felsengrab nicht mehr sicher schien. Die Könige gingen dazu über, ihre Gräber immer enger aneinander in den Fels zu schlagen. Das Bewachungspersonal konnte sich konzentrieren, die Aufmerksamkeit war nicht mehr zersplittert – dennoch ging die Räuberei weiter.

In das Grab Tut-ench-Amuns drangen schon zehn oder fünfzehn Jahre nach seinem Tode Räuber ein. Im Grabe Thutmosis' IV. ließen ebenfalls wenige Jahre nach seinem Tode Räuber sogar ihre Visitenkarte zurück, Wandkritzeleien, Zinken, antikes Rotwelsch, und demolierten das Grab derart, daß hundert Jahre später der pietätvolle Haremheb im achten Jahr seiner Regierung dem Beamten Kej den Befehl gab, «die Grabstätte des Königs Thutmosis IV. des Seligen in der kostbaren Wohnstätte im westlichen Theben wiederherzustellen».

Aber der Höhepunkt aller Grabräuberei wurde unter der XX. Dynastie erreicht. Die machtvolle Herrscherherrlichkeit des ersten und zweiten Ramses, des ersten und zweiten Sethos war vorüber. Die folgenden neun Könige mit Namen Ramses trugen nichts als einen großen Namen. Ihre Herrschaft war schwächlich und immer bedroht. Bestechlichkeit und Korruption bildeten eine neue unfaßbare Macht. Die Friedhofswächter verbanden sich mit den Priestern, die Aufseher mit den Bezirksvorstehern, ja, selbst der Vorsteher des westlichen Theben, der oberste Beamte zur Bewachung der Nekropole, steckte eines Tages unter einer Decke mit den Grabräubern. Und es mutet unheimlich an, wenn wir heute aus Papyrus-Funden aus der Zeit Ramses' IX. (1142 bis 1123 v. Chr.) zu Zeugen eines Grabräuberprozesses werden können, der damals Aufsehen erregte; Zeugen eines Prozesses vor dreitausend Jahren, in dem die bis jetzt anonymen Räuber plötzlich Namen haben!

Eines Tages erhielt Peser, Vorsteher des östlichen Theben, Berichte über ausgedehnte Grabplünderungen auf der Westseite. Vorsteher des westlichen Theben war der offenbar fragwürdige Pewero, der dem Peser genausowenig gewogen war wie dieser ihm. So nahm Peser wahrscheinlich mit Vergnügen die Gelegenheit wahr, seinen ranggleichen Kollegen bei dem Wesir des ganzen Thebener Bezirks, bei Chamwese, in Mißkredit zu bringen. (Wir folgen hier der unterhaltsam erzählten Darstellung Howard Carters, der sich in den Zitaten auf die herrliche Sammlung ägyptischer Dokumente von Breasted stützt, die «Ancient Records of Egypt».)

Doch die Sache ging übel für Peser aus; denn er beging den Fehler, in seiner Anzeige die genaue Anzahl der geplünderten Gräber zu nennen: zehn Königsgräber, vier von Priesterinnen und sehr viele Privatgräber. Mehrere Mitglieder der Kommission nämlich, die Chamwese zur Prüfung über den Fluß schickte, vielleicht auch ihr Leiter, vielleicht sogar der Wesir selber, der sie aussandte, hatten zweifellos (was für die Vorsicht Peweros spricht) von den Räubereien profitiert. Sie hatten, würden wir heute sagen, Prozente bezogen, und ihr Urteil wird festgestanden haben, als sie über den Fluß gerudert wurden. So erledigten sie auch tatsächlich die Anzeige formaljuristisch, indem sie nicht etwa auf die Frage eingingen, ob Plünderungen überhaupt stattgefunden hatten, sondern indem sie nachwiesen, daß Pesers Angaben völlig unrichtig waren. Denn statt zehn Königsgräbern war nur eins wirklich erbrochen worden, statt vier Priesterinnengräbern nur zwei! Die Tatsache, daß tatsächlich nahezu alle Privatgräber geplündert waren, konnte nicht geleugnet werden. Aber die Kommission sah keinen Anlaß, deshalb einen so verdienten Beamten wie Pewero vor Gericht zu ziehen. Die Anzeige wurde niedergeschlagen! Am nächsten Tag versammelte der triumphierende Pewero (wir können uns seinen Charakter vorzüglich vorstellen) «die Aufseher, die Totenstadtverwalter, die Handwerker, die Polizei und alle Araber der Totenstadt» und sandte sie zu einer Kundgebung, die wir heutzutage in neuem Sprachgebrauch wahrscheinlich «spontan» nennen würden, hinüber aufs Ostufer, ja, er fügte die besondere Anweisung hinzu, die Nähe des Peserschen Hauses keineswegs zu meiden.

Das war Peser zuviel!

Mit Recht empfand er, was hier geschah, als Provokation erster Ordnung, und in einem verständlichen Wutanfall beging er seinen zweiten, diesmal entscheidenden Fehler. Er geriet in heftigen Wortwechsel mit einem der Anführer des Weststadthaufens und gab schließlich in hoher Erregung vor Zeugen die Absicht kund, diesen ungeheuerlichen Vorgang über den Kopf des Wesirs hinweg dem König direkt zu melden.

Darauf hatte Pewero nur gewartet. Er unterrichtete eilenden Fußes den Wesir von dieser unglaublichen, alle Ordnung umstürzenden Absicht Pesers, den Dienstweg zu umgehen. Der Wesir rief das Gericht zusammen. Er zwang den ungeschickten Peser, selbst als Richter mitzuwirken. Er mußte helfen, sich selber des Meineids anzuklagen und sich für schuldig zu befinden.

Die Modernität dieser Geschichte, zu deren eindeutig belegten Einzelheiten auch hier nicht das geringste hinzugefügt wurde (sie ließe sich viel ausführlicher erzählen), findet nun auch den Märchenschluß, den wir stets wünschen, aber selten erleben.

Zwei oder drei Jahre nämlich nach diesem so ungewöhnlich korrupten Verfahren wurde eine Bande von acht Grabräubern gefaßt, die, nachdem sie «mit einer Doppelrute an Händen und Füßen geschlagen wurden», ein Protokoll abgaben, das offenbar in die Hände eines Unbestechlichen geriet und nicht mehr totgeschwiegen werden konnte. Wir wissen fünf Namen dieser Räuber. Es sind der Steinmetz Hapi, der Kunsthandwerker Iramun, der Bauer Amenemheb, der Wasserträger Kemwese und der Negersklave Ehenufer. Und sie sagten aus:

«Wir öffneten ihre Särge und ihre Hüllen, in denen sie waren. Wir fanden die erhabene Mumie dieses Königs ... Da war eine große Reihe von Amuletten und goldenen Schmuckstücken an seinem Hals; sein Kopf war mit einer goldenen Maske bedeckt; die erhabene Mumie dieses Königs war ganz und gar mit Gold bedeckt. Ihre Hüllen waren innen und außen vergoldet und versilbert; mit allen köstlichen Steinen ausgelegt. Wir rissen das Gold ab, das wir an der erhabenen Mumie des Gottes fanden, und ihre Amulette und Schmuckstücke, die an ihrem Halse waren, und die Hülle, in der sie ruhte. – Wir fanden des Königs Gemahlin in gleicher Weise; wir rissen alles, was wir an ihr fanden, in gleicher Weise ab. Wir steckten ihre Hüllen in Brand. Wir stahlen ihre Geräte, die wir bei ihnen fanden, als da waren Gefäße aus Gold, Silber und Bronze. Wir teilten das Gold, das wir an den Mumien dieser beiden Götter fanden, die Amulette, Schmuckstücke und Hüllen in acht Teile.»

Das Gericht sprach sie schuldig. Pesers Behauptungen waren damit gestützt durch Tatsachen; denn unter den Gräbern, deren Beraubung jetzt zugegeben worden war, befand sich auch eins der ursprünglich von Peser angegebenen.

Aber es scheint, als ob auch dieses Gerichtsverfahren (und eine Anzahl ähnlicher Fälle wurde noch abgeurteilt) die systematisch organisierte Plünderung des «Tals» nicht aufhalten konnte. Wir wissen aus Gerichtsurkunden, daß die Gräber Amenophis' III., Sethos' I. und Ramses' II. erbrochen wurden «... und unter der folgenden Dynastie», sagt Carter, «scheinen alle Versuche, die Gräber zu bewachen, aufgegeben worden zu sein.» Und er enthüllt dies düstere Panorama der Raubzüge im «Tal»: «Seltsames muß das Tal gesehen haben, und verwegen waren die Abenteuer, die sich dort abspielten. Man kann sich das tagelange Pläneschmieden vorstellen, die heimlichen nächtlichen Zusammenkünfte auf dem Felsen, das Bestechen oder Betäuben der Friedhofswächter und dann das verwegene Graben im Dunkeln, das Hindurcharbeiten durch ein kleines Loch bis in die Grabkammer, das fieberhafte Suchen bei schwachem Lichtschimmer nach tragbaren Schätzen und die Rückkehr im Morgengrauen, mit Beute beladen. Dies alles können wir uns vorstellen und uns gleichzeitig vergegenwärtigen, wie unvermeidlich es war. Indem ein König für seine Mumie eine sorgfältige und kostbare Ausstattung vorsah, die er seiner Würde entsprechend fand, trug er selber zu ihrer Zerstörung bei. Die Versuchung war zu groß. Reichtum, der die habsüchtigsten Träume überstieg, lag dort für den bereit, der Mittel und Wege fand, ihn zu gewinnen, und früher oder später mußte der Grabräuber zum Ziel gelangen.»

Weit erregender aber noch als dies muß ein anderes Bild gewesen sein. Wir haben jetzt soviel von Grabräubern, verräterischen Priestern, bestechlichen Beamten, korrumpierten Bürgermeistern, von diesem ganzen, quer durch die gesellschaftliche Rangordnung organisierten Diebesnetz erzählen müssen (das Petrie als erster vermutet hatte, als er im Grabe des Amenemhet die Spur der Räuber verfolgte), daß der Eindruck entstehen könnte, als habe es besonders zur Zeit der XX. Dynastie überhaupt keine Gerechten, keine Gläubigen mehr gegeben, die den toten Königen Ehre zollten.

Zur selben Zeit aber, da die Diebe mit ihrer Beute über nächtliche Pfade schlichen, lauerten kleine Gruppen Getreuer auf anderem Pfad. Sie hatten sich notgedrungen der Methoden ihrer Gegner bemächtigen müssen, um doch das Gegenteil erreichen zu können. Raub konnte nur mit schnellerem Raub bekämpft werden. Und in diesem Kleinkrieg, diesem Präventivkrieg weniger getreuer Priester und unbestechlicher Beamter gegen die vortrefflich organisierten Räuber, müssen wir uns eine noch größere Heimlichkeit vorstellen, noch geheimnisvollere Vorbereitung; nächtliche Gegenverschwörung gegen die der Räuber an vielleicht nur wenig entferntem Ort.

Wir müssen unsere Einbildungskraft mobil machen, um das heiße Flüstern zu vernehmen, um den abgeschirmten Fackelschein vor geöffnetem Sarkophag, die in der Furcht vor Überraschung geduckten Gestalten zu sehen. Die Überraschung hätte sie nichts gekostet – sie waren rechtens dort –, aber ein einziger Blick eines Bestechlichen hätte die Räuber informiert, welch neuer König zur Schutzhaft entführt werden und damit ihrem Beutegriff entzogen werden sollte. Und wir müssen dann den Zug von Priestern zu erkennen suchen; zu zweit, zu dritt höchstens hasten sie hinter dem vielleicht letzten Wächter her, der seinem Amte treu blieb und sie jetzt führt. Sie schleppen die balsamierten Körper ihrer toten Könige. Sie schleppen Mumien von Grab zu Grab, um sie vor frevelndem Zugriff zu schützen. Sie erfahren von neuem Komplott und müssen ihre Nachtausflüge wiederholen. Die toten Könige, deren Mumien ruhen sollten bis in alle Ewigkeit, beginnen zu wandern!

Und dann war es einmal anders. Dann geschah es vielleicht an hellem Tage. Polizei sperrte das «Tal» ab. Träger und Lasttierkolonnen transportierten einen der riesigen Särge aus unsicher gewordener Grabkammer zu neuem Versteck. Militär rückte an – und vielleicht mußten wieder einmal viele Zeugen ihr Leben lassen, um das neue Geheimnis zu wahren.

Ramses III. wurde dreimal aus seinem Grabe geholt und wieder bestattet. Amosis, Amenophis I., Thutmosis II. und sogar Ramses der Große wandern. Schließlich liegen sie aus Mangel an neuem Versteck zu mehreren in einem einzigen Grabe.

«Im 14. Jahr im dritten Monat der zweiten Jahreszeit am 6. Tage wurde Osiris, König Usermare (Ramses II.) gebracht, ihn wieder zu bestatten in dem Grab des Osiris, Königs Menmare Sethos (I.): durch den Oberpriester des Amun, Pinutem.»

Aber auch hier sind sie nicht sicher. Sethos I. und Ramses II. werden in das Grab der Königin Inhapi geschleppt. Schließlich liegen im Grabe Amenophis' II. nicht weniger als dreizehn Königsmumien. Und die anderen werden dann und wann, bei den verschiedensten Gelegenheiten, aus den ursprünglichen Gräbern, den ersten und zweiten Verstecken hervorgeholt und über den wüsten einsamen Höhenpfad (den man noch heute begehen kann) hinaus aus dem «Tal der Könige» in ein Grab gebracht, das in den Felsenkessel von Der-el-Bahri gehauen war, nicht weit von dem Riesentempel, den die Königin Hatschepsut, die unglückliche Mitregentin und Schwester des dritten Thutmosis, dort zu bauen begonnen hatte.

Hier blieben die Mumien dreitausend Jahre lang in Frieden ruhen. Die Kenntnis der genauen Grablage ging wahrscheinlich durch einen jener Zufälle verloren, wie er auch das Grab des Tut-ench-Amun nach der ersten oberflächlichen Plünderung schützte: ein starker Sturmregen vielleicht, der den Eingang im tiefgelegenen Teil des «Tals» zuspülte. Ein anderer Zufall in unserer Zeit, die Reise des amerikanischen Sammlers nach Luxor, sollte offenbaren, daß dies ungeheure Massengrab der Könige wiederum, diesmal im Jahre 1875 n. Chr., auf Grund eines weiteren Zufalls aufgefunden worden war!

7. Kapitel

Mumien

Das «Tal der Könige» wird zugedeckt vom Dunkel der Geschichtslosigkeit. «Wir müssen uns», schreibt Carter, «ein verlassenes Tal denken, für den Ägypter zweifellos voller Geisterspuk, seine höhlenartigen Galerien ausgeraubt und leer, der Eingang zu manchen von ihnen offen, ein Heim für Füchse, Wüsteneulen und Scharen von Fledermäusen. Und doch, ob auch seine Gräber ausgeraubt, verlassen und zerstört waren, sein Zauber war nicht ganz dahin. Es blieb das ‹Heilige Tal der Könige›, und große Scharen von Schwärmern und Neugierigen müssen es noch besucht haben. Einige seiner Gräber wurden tatsächlich zur Zeit Osorkons I. (ungefähr 900 v. Chr.) als Begräbnisstätten für Priesterinnen wieder benutzt.»

Tausend Jahre später finden wir das «Tal» bevölkert von den ersten christlichen Eremiten, die sich in den leeren Syringen eingenistet haben. – «Glanz und königliche Pracht sind durch demütige Armut ersetzt. Die ‹kostbare Wohnstätte› des Königs ist zu der engen Zelle eines Einsiedlers geworden.»

Das aber ändert sich. Die Tradition hatte das «Tal» dazu bestimmt, Heimstätte für Könige und Räuber zugleich zu sein. Im Jahre 1743 gibt der englische Reisende Richard Pococke den ersten modernen Bericht vom «Tal». Mit einem Scheich als Führer kann er vierzehn offene Gräber besichtigen. (Strabo kannte, wie gesagt, vierzig; jetzt sind einundsechzig bekannt.) Aber die Gegend war unsicher. In den Hügeln von Kurna kampierte eine Räuberbande. Als sechsundzwanzig Jahre später James Bruce das «Tal» besucht hatte, weiß er vom fruchtlosen Versuch zu erzählen, die Banden auszuräuchern. «Alle sind geächtet und der Todesstrafe verfallen, wenn sie anderswo angetroffen werden. Osman Bey, ein alter Statthalter von Girge, der den von diesen Leuten angerichteten Unfug nicht länger ertragen konnte, befahl, getrocknete Reisigbündel zusammenzutragen, und besetzte mit seinen Soldaten den Teil des Berges, wo die größte Anzahl dieser Elenden sich aufhielt; dann befahl er, ihre sämtlichen Höhlen mit diesen trockenen Reisigbündeln anzufüllen, und steckte sie dann in Brand, so daß die meisten von ihnen umkamen; doch seitdem ergänzten sie ihre Zahl wieder, ohne ihre Gewohnheiten zu ändern.»

Als Bruce, um Kopien der Wandreliefs im Grabe Ramses' III. anzufertigen, in der Grabkammer nächtigen wollte, wurden seine eingeborenen Führer von Schrecken ergriffen und schleuderten unter Flüchen die Fackeln von sich. Unterm zuckenden Verlöschen aller Lichter «stießen sie schreckliche Prophezeihungen aus über all das Unglück, das alsbald nach ihrem Weggang aus der Höhle hereinbrechen werde!» Und als Bruce das «dunkle Tal» mit dem einzigen bei ihm gebliebenen Diener hinunterreitet, um sein Nilboot zu erreichen, erhebt sich Geschrei, und von der dunklen Höhe herab sausen Steinbrocken, knallen Schüsse. Eine allgemeine Schießerei beendet seinen Besuch im «Tal», das er fluchtartig verlassen muß. Ja, auch als wieder dreißig Jahre später Napoleons «Ägyptische Kommission» kam, das «Tal» und seine Gräber zu vermessen, wurde sie von den thebanischen Räubern beschossen.

Heute ist das «Tal» Ziel unzähliger Fremder aus aller Welt. Einer der reichsten Schätze, die je aus altem Boden gehoben wurden, ist erst vor einigen Jahrzehnten in ihm entdeckt worden. Jetzt schlagen auch vor dieser Fundstelle bereits schreiende Dragomane auf ihre Esel ein, aus Cooks Rasthaus drüben bei Der-el-Bahri kommen die Besucher, die Araber rufen in prächtigstem Englisch zur Besichtigung der «de Kingses tombes» auf. Und es berührt wehmütig und erheiternd zugleich, wenn man – die ungeheure Geschichte des Niltals, seiner Könige und Völker vorm inneren Auge – im Reiseprospekt über Karnak erfährt: «Vierzig Jahrhunderte der Geschichte kommen nun ans Licht! In Wort, Klang und effektvoller Illumination wird abends die Geschichte der Tempel, Obelisken und Statuen erzählt und aller Könige gedacht.»

Der größte Fund im «Tal», der die ganze europäische Öffentlichkeit in solche Spannung und Erregung versetzte, wie es durch eine archäologische Entdeckung vorher nur geschehen war, als Schliemann Troja gefunden hatte, fand im Jahre 1922 statt.

Einige Jahrzehnte vorher aber geschah ein fast ebenso erstaunlicher Fund, doch unter viel merkwürdigeren Begleitumständen im Talkessel von Der-el-Bahri.

Wir erinnern uns des Amerikaners, dem es gelungen war, in den winkligen Gassen von Luxor einen wertvollen ägyptischen Papyrus zu erwerben. Als der europäische Experte die zweifellose Echtheit und den Wert des Papyrus erkannt hatte, versuchte er den Amerikaner auszuhorchen. Der vergnügte Sammler, dem auf europäischem Boden niemand mehr seine Beute rauben konnte, erzählte gern und stellte sein Licht nicht unter den Scheffel. Der Experte schrieb einen ausführlichen Brief nach Kairo. Die Aufdekkung einer außergewöhnlichen Grabschändung kam ins Rollen.

Als Professor Gaston Maspero in seinem Museum in Kairo den Brief aus Europa erhielt, war er über zweierlei bestürzt. Erstens darüber, daß sein Museum wieder um einen kostbaren Fund gekommen war. Wieder – denn seit nicht weniger als sechs Jahren tauchten auf die geheimnisvollste Weise auf dem Schwarzen Markt der Altertümer seltene und im Sinn der Wissenschaft außerordentlich kostbare Kleinodien auf, deren Herkunft auch dann niemals zu ermitteln war, wenn sich die glücklichen Käufer irgendwo außerhalb Ägyptens bereit erklärten, die näheren Umstände des Kaufs zu schildern. Meist war dann von dem großen

Unbekannten die Rede; aber einmal war dieser Unbekannte ein Araber, einmal ein junger Neger, dann ein zerlumpter Fellache und schließlich ein offensichtlich wohlhabender Scheich. Der zweite Punkt aber, der Maspero erregte, war die Tatsache, daß das neueste Stück, von dem ihm nun berichtet wurde, die Grabbeigabe eines Königs der XXI. Dynastie war, von deren Gräbern jede Kunde verlorengegangen war! Wer hatte diese Gräber gefunden? War es das Grab eines *einzigen* Königs?

Überblickte Professor Maspero die «schwarzen» Stücke, von deren Auftauchen ihm bis dahin zu Ohren gekommen war, so genügte oberflächlichste Überprüfung, um festzustellen, daß die Stücke aus den Grabbeigaben *verschiedener* Könige stammten.

War es wahrscheinlich, daß moderne Grabräuber gleich mehrere alte Gräber entdeckt hatten? Der Schluß lag nahe, daß eines der großen Sammelgräber gefunden worden war!

Die Aussichten, die sich dadurch ergaben, waren für einen Gelehrten wie Maspero erregend. Es mußte etwas geschehen. Die ägyptische Polizei hatte versagt. Er mußte der neuen Räuberei selber auf die Spur kommen. Das Ergebnis mehrerer, im engsten Kreise geführter Besprechungen war die Entsendung eines seiner jungen Assistenten nach Luxor.

Dieser Assistent benahm sich vom Augenblick an, da er das Nilschiff verließ, völlig anders als gemeinhin ein Archäologe. Er quartierte sich im selben Hotel ein wie der Amerikaner, der den Papyrus erstanden hatte. Und dann streifte Tag und Nacht ein reicher junger «Franke» durch alle Gassen und Winkel des Basars, klimperte mit Geld, kaufte diese oder jene Kleinigkeit, bezahlte großzügig. Kam er mit den Händlern in vertrauteres Gespräch, so gab er gute Trinkgelder, doch genau dosiert, um keinen Verdacht zu erregen. Er erhielt immer neue Angebote von «Altertümern» aus der moderneren Heimindustrie. Aber der junge Mann, der in diesem Frühjahr des Jahres 1881 durch Luxor streifte, ließ sich nicht betrügen. Die konzessionierten Händler hatten das bald ebenso erfahren wie die «wilden». Der Fremde stieg in ihrer Achtung und weckte Vertrauen. Eines Tages winkte ihm ein Händler, der vor dem Tor seines Gewölbes hockte. Und dann hielt der Assistent des «Ägyptischen Museums» eine kleine Statue in der Hand. Er konnte sich beherrschen und machte ein völlig unbeteiligtes Gesicht. Er hockte sich mit dem Händler auf die Matte und begann zu feilschen. Dabei drehte er die kleine Statue in der Hand und wußte: Sie ist nicht nur ein echtes Stück, fast dreitausend Jahre alt, sondern sie ist – die Inschrift ließ es erkennen – die Beigabe eines Grabes der XXI. Dynastie!

Das Feilschen dauerte lange. Schließlich kaufte der Assistent die kleine Arbeit. Aber er äußerte sich abfällig. Er ließ durchblicken, daß er Größeres suche, Wertvolleres. Und noch am selben Tage machte er die Bekanntschaft eines hochgewachsenen, in den besten Jahren stehenden Arabers. Abd-el-Rasul nannte er sich. Er war das Oberhaupt einer weitverzweigten Familie. Und als der junge Assistent mit ihm das Gespräch einige Tage lang fortgeführt hatte, als ihm dieser Araber nach erneuter Zusammenkunft endlich noch andere Grabbeigaben, diesmal aus der Zeit der XIX. und XX. Dynastie zeigte, ließ er ihn verhaften. Er war überzeugt, den Grabräuber gefunden zu haben.

Wirklich?

Abd-el-Rasul wurde mit mehreren seiner Angehörigen vor den Mudir von Kene gebracht. Da'ud Pascha leitete persönlich das Verhör. Aber unzählige Entlastungszeugen marschierten auf. Alle Bewohner des Dorfes, das Abd-el-Rasuls Heimat war, beschworen seine völlige Unschuld, ja die Unschuld der ganzen Familie, die zu den ältesten und geachtetsten der Gemeinde zähle. Der Assistent, völlig überzeugt von der Richtigkeit seiner Anklage, hatte bereits nach Kairo telegrafiert und den Erfolg gemeldet. Jetzt mußte er sehen, daß Abd-el-Rasul mit seinen Angehörigen mangels Beweises freigegeben wurde. Er beschwor die

Beamten; sie zuckten mit den Schultern. Er ging zum Mudir. Der aber sah ihn erstaunt an, wunderte sich über die Ungeduld des «Franken» und sagte, er möge warten.

Der Assistent wartete einen Tag, dann noch einen. Dann schickte er ein neues Telegramm nach Kairo, schränkte ein, was er zuerst gemeldet. Er wurde krank über der zehrenden Ungewißheit, krank vor der orientalischen Ruhe des Mudirs. Der aber kannte seine Leute.

Howard Carter gibt die Erzählung eines seiner ältesten Arbeiter wieder. Der war in seiner Jugend als Dieb gefaßt und vor den Mudir geschleppt worden. Seine Angst vor dem strengen Da'ud Pascha war groß, aber sie wurde gepaart mit dem Schrecken der Unsicherheit, als er statt vor ein richterliches Forum in das Privatgemach des Paschas gebracht wurde, der sich, es war an einem glühheißen Tag, in einer großen irdenen Badewanne in kühlendem Wasser rekelte.

Da'ud Pascha sah ihn an, er tat weiter nichts als ihn ansehen, aber der alte Arbeiter berichtete, noch nach vielen Jahren beeindruckt: «... und als seine Augen durch mich hindurchdrangen, fühlte ich, wie meine Knochen in mir zu Wasser wurden. Dann sagte er ganz ruhig zu mir: ‹Dies ist das erste Mal, daß du vor mir erscheinst; du bist entlassen, aber nimm dich sehr, sehr in acht, daß du nicht zum zweitenmal kommst›; und ich war so in Schrecken gebracht, daß ich meinen Beruf wechselte und nie wiederkam!»

Diese Autorität Da'uds – sicher gestützt durch schreckliche Maßnahmen, wenn sie allein nicht ausreichte – trug Früchte, die der junge Assistent, der zu dieser Zeit fiebrig auf dem Krankenbett lag, nicht mehr erwartet hatte. Einen Monat später ging nämlich einer der Verwandten und Komplicen Abd-el-Rasuls zu Da'ud und legte ein umfassendes Geständnis ab. Der Mudir ließ den jungen Wissenschaftler, der immer noch in Luxor war, sofort verständigen. Neue Verhöre begannen. Und es stellte sich heraus, daß ganz Kurna, das Heimatdorf Abd-el-Rasuls, ein Dorf von passionierten Grabräubern war. Das Gewerbe hatte sich von den Vätern auf die Söhne vererbt, es blühte seit undenklichen Zeiten, wahrscheinlich in ununterbrochener Kette seit dem 13. Jahrhundert v. Chr. Eine solche Räuberdynastie hatte es auf der Welt kein zweites Mal gegeben!

Der größte Fund, den diese Dynastie je gemacht, war das Sammelgrab von Der-el-Bahri. Im Fund und in der Plünderung dieses Grabes paaren sich Zufall und Systematik. Sechs Jahre zuvor, 1875, hatte Abd-el-Rasul in dem Felsmassiv, das sich zwischen dem «Tal der Könige» und Der-el-Bahri erhebt, rein zufällig eine verborgene Öffnung entdeckt. Als er sie unter mancherlei Schwierigkeiten untersuchte, fand er, daß er auf eine geräumige Grabkammer mit Mumien gestoßen war. Schon die erste Prüfung sagte ihm, daß hier ein Schatz zu heben war, der ihm und seiner Familie eine Rente auf Lebenszeit geben konnte – wenn es möglich war, das Geheimnis zu wahren.

Nur die führenden Mitglieder der Familie wurden eingeweiht. Feierlich schworen sie, niemals das Geheimnis zu verraten, den Fund dort zu lassen, wo er seit dreitausend Jahren war, und das Grab als mumifiziertes Bankkonto allein der Familie Abd-el-Rasuls zu betrachten, von dem nur abgehoben werden durfte, wenn die Familie es nötig hatte. Es klingt unglaublich, daß es tatsächlich sechs Jahre lang gelang, das Geheimnis zu wahren. In diesen sechs Jahren wurde die Familie reich. Am 5. Juli 1881 aber trat der Beauftragte des Museums von Kairo, geführt von Abd-el-Rasul, vor die Graböffnung!

Es ist eine der kleinen Bosheiten, die das Schicksal parat hält, daß dieser Beauftragte weder der junge Assistent war, dem allein die Entdeckung der Räuber gedankt werden mußte, noch Professor Maspero, der sie angeregt hatte. Das neue Telegramm, das nun mit unbezweifelbaren Angaben nach Kairo gegangen war, hatte Maspero nicht erreicht; er befand sich auf einer Reise. Da Eile geboten war, mußte ein Vertreter entsandt werden. Es war Emil Brugsch-Bey, Bruder des berühmten Ägyptologen Heinrich Brugsch, damals als Konservator am Museum tätig.

Als er in Luxor anlangte, fand er den jungen Kollegen, der mit so gutem Erfolg Detektiv gewesen war, fieberkrank. Er machte einen Diplomatenbesuch beim Mudir. Alle Interessierten waren sich einig, daß unverzüglich, um keine Zeit mehr zu weiterer Räuberei zu lassen, das Grab beschlagnahmt werden müßte. So machte sich Emil Brugsch-Bey, nur in Begleitung Abd-el-Rasuls und seines arabischen Gehilfen, am frühen Morgen des 5. Juli auf. Und was er bald darauf sah, das glich den Schätzen im Märchen von Aladin, und was sich in den nächsten neun Tagen ereignete, das sollte er nicht mehr vergessen.

Abd-el-Rasul machte nach beschwerlicher Kletterei halt und wies auf ein Loch, das auf sehr natürliche Weise mit Steinen zugedeckt war. Es lag unzugänglich und jedem direkten Blick verborgen. Es war kein Wunder, daß die Augen der Menschen drei Jahrtausende lang darüber hinweggeglitten waren. Abd-el-Rasul wickelte ein Seil von der Schulter und bedeutete Brugsch, daß es nötig sei, sich in das Loch hinunterzulassen. Brugsch, den obskuren Führer unter der Bewachung seines verläßlichen arabischen Gehilfen zurücklassend, zögerte nicht, der Aufforderung zu folgen. Vorsichtig, nicht ohne gewisse Besorgnis, der Irreführung eines gewitzten Diebes zum Opfer gefallen zu sein, hangelte er Hand über Hand hinab. Glimmte in ihm eine Hoffnung, etwas zu finden, so hatte er doch nicht die geringste Vorstellung von dem, was ihn wirklich erwartete.

Es erwies sich, daß der Schacht etwa elf Meter tief war. Unten angekommen, entzündete er eine Fackel, bog nach wenigen Schritten um eine scharfe Ecke und – stand vor den ersten riesigen Sarkophagen.

Einer der größten, die gleich hinter dem Eingang standen, besagte inschriftlich, daß er die Mumie Sethos' I. barg, die Mumie, die Belzoni im Oktober 1817 vergeblich in der ursprünglichen Gruft des Pharaos im «Tal der Könige» gesucht hatte. Der Flackerschein seiner Fackel fiel auf weitere Särge, auf unzählbare Kostbarkeiten des ägyptischen Totenkults, die achtlos über den Boden und die Särge verstreut waren. Brugsch ging weiter, bahnte sich oft schrittweise den Weg. Plötzlich öffnete sich vor ihm die eigentliche Grabkammer, unendlich weit erscheinend, im trüben Licht. Die Särge lagen regellos durcheinander, teils geöffnet, teils noch verschlossen. Einzelne Mumien lagen zwischen unzähligen Geräten und Schmuckstücken. Brugsch stand atemlos. Wußte er in dieser Sekunde, daß ihm ein Anblick beschert war wie noch nie einem Europäer vor ihm?

Er stand vor den leibhaftigen Körpern der mächtigsten Herrscher der Alten Welt. Oft kriechend, dann wieder frei schreitend, stellte er fest, daß hier Amosis I. (1580 bis 1555 v. Chr.), der die endgültige Vertreibung der barbarischen «Hirtenkönige», der Hyksos, zu seinem Ruhme gefügt hatte (womit jedoch nach heutiger Annahme die biblische Erzählung vom Auszug der Israeliten aus Ägypten nicht zusammenhängt); daß dort die Mumie des ersten Amenophis zu finden war (1555 bis 1545 v. Chr.), der später der Schutzheilige der ganzen thebanischen Totenstadt werden sollte. Und unter zahllosen Särgen weniger bekannter ägyptischer Herrscher findet er schließlich – und er muß sich, die Fackel in der Hand, niedersetzen, minutenlang überwältigt – die Mumien der beiden größten Herrschergestalten, deren Ruhm ohne die Archäologen, ohne jede historische Wissenschaft durch die Jahrtausende hindurch von Geschlecht zu Geschlecht auf uns überkommen ist. Er findet die toten Körper von Thutmosis III. (1501 bis 1447 v. Chr.) und von Ramses II. (1298 bis 1232 v. Chr.), der Große genannt, an dessen Hof, wie man damals glaubte, Moses aufgewachsen sein sollte, der Gesetzgeber des jüdischen Volkes und des Abendlandes, die Herrscher, die vierundfünfzig und sechsundsechzig Jahre regierten und Weltreiche unter Blut und Tränen ihrer Untertanen nicht nur schufen, sondern lange Zeit zu bewahren wußten!

Als der überwältigte Brugsch die Inschriften der Särge flüchtig überprüfte, kaum wissend, wo er beginnen sollte, da fand er doch sofort die Geschichte von den «wandern-

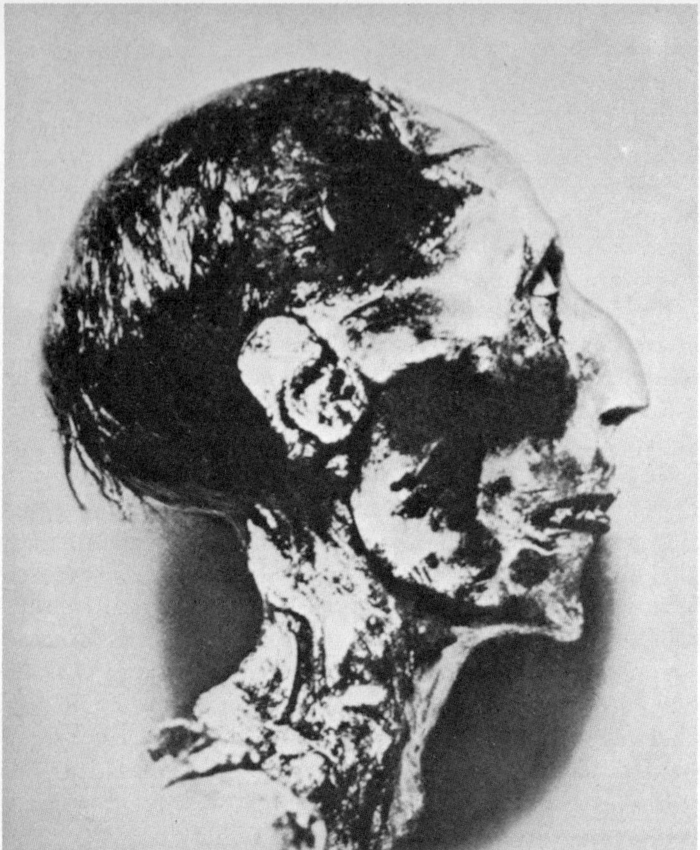

Der Kopf der Mumie Ramses' II., später «der Große» genannt.
Der Pharao der XIX. Dynastie regierte 67 Jahre und ist vermutlich über 90 Jahre alt geworden. Sein Totentempel in West-Theben, das Ramesseum, sowie die mit Reliefs und Malereien geschmückten Kult-Tempel in Abu Simbel, Abydos und Luxor – vor mehr als 3000 Jahren errichtet – zeichnen ihn als den größten Bauherren Ägyptens aus.

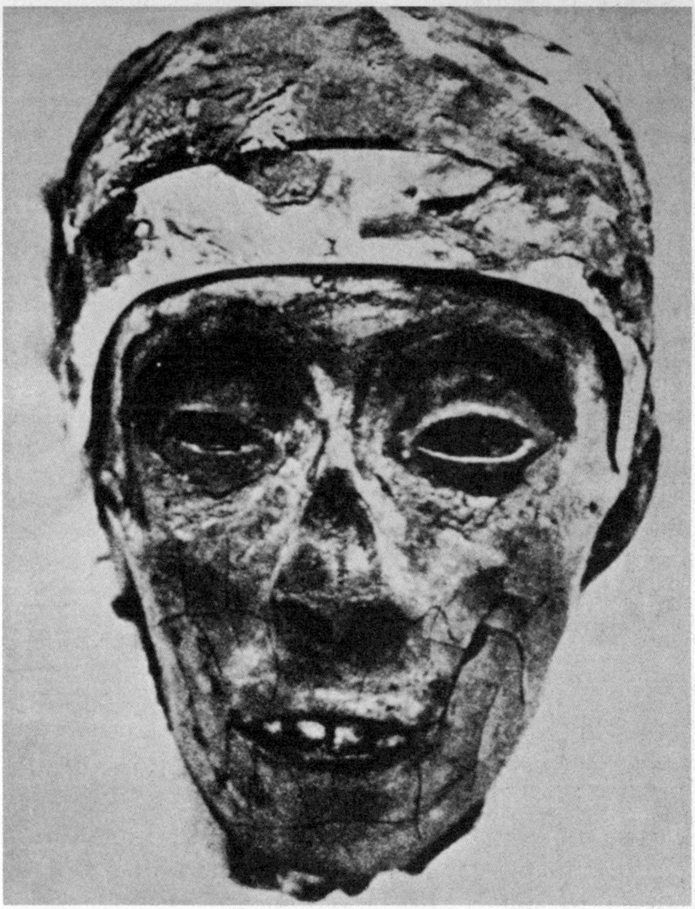

Der Kopf des Tut-ench-Amun.
«Edel und vornehm» ist das Antlitz, schreibt Howard Carter, «gut geschnitten, mit scharf gezeichneten Lippen.» Die Stirn ist bedeckt mit einer Binde, dem Abschluß einer Kappe aus feinem Leinen, die den geschorenen Kopf des jungen Pharao eng umschließt.

den Mumien». Und es erstand vor ihm das Bild jener zahllosen Nächte, da die Priester im «Tal der Könige» die toten Pharaonen zum Schutz vor Diebstahl und Schändung aus ihren Gräbern gerissen und – oft über mehrere Zwischenstationen – hier in Der-el-Bahri in neue Sarkophage gebettet hatten, einen neben den anderen. Mit einem Blick sah er, wie damals Angst und Eile die Peitsche geschwungen hatten, denn einige der Mumien waren nur schräg gegen die Wand gelehnt. Und mit Erschütterung las er später in Kairo, was die Priester den Wänden der Särge anvertraut hatten: die Odysseen der toten Könige.

Als er die Zahl der versammelten Herrscher überschlug, kam er auf vierzig. Vierzig Mumien. Vierzig sterbliche Reste derer, die einst eine Welt regierten in Gottähnlichkeit; die dreitausend Jahre in Frieden geruht hatten, bis erst ein Räuber und dann er, Emil Brugsch-Bey, wieder einen Blick auf sie werfen durfte.

Trotz aller Vorsorge (die sie teilweise noch vor dem eigenen Tode trafen) waren die ägyptischen Herrscher oft sehr pessimistisch. «Die da bauten aus Granit, die eine Halle mauerten in die Pyramide, die da Schönes leisteten in dieser schönen Arbeit ... ihre Opfersteine sind ebenso leer wie die der Müden, die auf dem Uferdamme sterben ohne einen Hinterbliebenen!»

Der Pessimismus hinderte sie nicht, immer neue Vorsorge zu treffen, um ihren toten Leib in rechter Weise zu erhalten. Herodot beschreibt Totenbräuche und Einbalsamierung, wie sie nach eigenen Erkundigungen noch im Schwange waren, als er Ägypten bereiste. (Der Text ist hier nach Howard Carter wiedergegeben.) «Stirbt eine angesehene Persönlichkeit, so bestreichen sich die Frauen des Hauses die Köpfe, ja sogar die Gesichter mit Erde. Dann verlassen sie den Toten, stürzen aus dem Haus und durchziehen die Stadt mit geschürzten Röcken, entblößen die Brust und schlagen sich. Alle weiblichen Verwandten schließen sich dem Zug an und tun das gleiche. Auch die

Männer gürten sich und schlagen sich die Brust. Nach diesen Zeremonien tragen sie den Leichnam fort zur Einbalsamierung.»

Es ist an der Zeit, einiges über Mumien zu sagen. Das Wort ist vieldeutig, was klar wird, wenn man die Bemerkung des schon einmal erwähnten arabischen Reisenden Abd-el-Latif aus dem 12. Jahrhundert liest, daß in Ägypten «Mumie» zu medizinischen Zwecken billig verkauft werde. Mumiya oder Mumiyai ist ein arabisches Wort und beizeichnet im Sinn Abd-el-Latifs entweder Asphalt oder «Judenpech» oder die natürliche Ausschwitzung der Felsen, wie sie aus dem Mumienberg in Derabgerd in Persien gewonnen wurde. Ein «Gemisch aus Pech und Myrrhen» nannte der arabische Reisende die Mumie – und noch im sechzehnten und siebzehnten Jahrhundert wurde in Europa ein schwungvoller Handel damit getrieben, ja, noch im vorigen Jahrhundert verkaufte der Apotheker «Mumie» als Heilmittel gegen Brüche und Wunden. Schließlich ist Mumie auch Haar und Fingernagel, abgeschnitten vom Lebendigen; ist Teil des Menschen, der fürs Ganze gilt und deshalb ansprechbar ist für Beschwörung und Verhexung. Sagen wir heute «Mumie», so meinen wir fast ausschließlich einbalsamierte Körper, besonders die wohlerhaltenen Körper der alten Ägypter. Man unterschied früher zwischen «natürlicher» Mumifizierung und «künstlicher» und sah als «natürliche Mumifizierung» solche an, die ohne besondere Behandlung sich durch gewisse günstige Bedingungen ohne Verwesung erhalten haben, also etwa die Körper im Kapuzinerkloster bei Palermo, im Kloster auf dem Großen St. Bernhard, im Bleikeller der Domkirche zu Bremen oder im Schloß zu Quedlinburg. Man hält die Unterscheidung auch heute noch aufrecht, aber mit Einschränkung, nachdem die zahlreichen Untersuchungen, besonders von Elliot Smith, und die Analyse der Mumie des Tut-ench-Amun durch Douglas E. Derry ergeben haben, daß das Hauptverdienst der wunderbaren Konservierung weniger kunstvoller Balsamierung als dem besonders trockenen Klima des Nillandes zuzuschreiben ist, der Keimfreiheit der Luft und des Sandes. So hat man tadellos erhaltene Mumien ohne Sarg und ohne die Spuren von Eingeweideentfernung einfach im Sand gefunden; und sie waren nicht schlechter erhalten als balsamierte Leichen, die durch die Harze, Asphalte und zahlreich verwendeten balsamischen Öle, durch – wie der Papyrus Rhind erzählt – das «Wasser aus Elephantine, das Natron aus Eileithyiaspolis und die Milch der Stadt Kim» im Laufe der Zeit oft stark zersetzt worden waren oder zu unförmiger Masse verklebten.

Im vorigen Jahrhundert besonders nahm man an, daß die Ägypter im Besitz besonderer chemischer Geheimmittel gewesen seien. Es gelang auch bis heute noch nicht, eine authentische, wirklich genaue und vollständige Mumifizierungsanweisung aufzufinden. Aber wir wissen heute, daß bei Verwendung der zahllosen Ingredienzien religiöse Rituale, mystische Beziehungen oft größere Bedeutung hatten als die chemische Wirksamkeit. Und wir müssen berücksichtigen, daß sich die Kunst der Mumifizierung im Laufe der Jahrtausende sicher mehrfach gewandelt hat. So beobachtete schon Mariette, daß die Mumien von Memphis, die älteren, nahezu schwarz, ausgetrocknet und sehr zerbrechlich sind, die neueren aus Theben dagegen gelb, mattglänzend und oft geschmeidig, was nicht durch den Altersunterschied allein erklärt werden kann.

Herodot berichtet uns von drei Arten der Mumifizierung, von denen die erste dreimal teurer war als die zweite; die dritte war die wohlfeilste, die sich auch der untere Beamte leisten konnte (keineswegs der Mann des Volkes, der das Schicksal seines toten Körpers allein dem gütigen Klima anheimgeben konnte).

In den ältesten Zeiten gelang es nur, die rein äußerlichen Formen der Körper zu erhalten. Später fand man Mittel, die Schrumpfung der Haut zu vermeiden, so daß wir Mumien finden konnten, die wohlerhaltene, in ihrer Individualität noch erkennbare Gesichtszüge tragen.

Die Leiche wurde in der Regel so behandelt: Zuerst wurde mit einem metallenen Haken das Gehirn durch die Nasenlöcher herausgezogen; mit einem Steinmesser wurde die Bauchhöhle geöffnet, dann wurden die Eingeweide entfernt (manchmal wahrscheinlich auch durch den After) und in den sogenannten «Kanopen» (Krügen oder Vasen) beigesetzt; das Herz wurde herausgenommen und durch einen steinernen Skarabäus ersetzt. Es folgte äußerst gründliche Waschung und eine «Einsalzung», der der Leichnam länger als einen Monat ausgesetzt blieb. Schließlich wurde er wieder getrocknet – was nach einigen Nachrichten bis zu siebzig Tagen währte.

Die Einsargung fand in oft mehreren Holzsärgen (die meist die Form des menschlichen Körpers hatten) oder in Sarkophagen statt; oder mehrere ineinander geschachtelte Holzsärge wurden in einen Steinsarkophag gebettet. Die Gestalt wurde in liegender Haltung beigesetzt. Die Hände wurden entweder über Brust oder Schoß gekreuzt oder aber die Arme längs der Seiten ausgestreckt. Die Haare wurden meist kurz geschoren, bei Frauen aber oft in voller Länge belassen und wunderbar onduliert. Die Schamhaare wurden rasiert.

Der Leib wurde zum Schutz vor dem Zusammenfall ausgestopft mit Lehm, Sand, Harzen, Sägespänen, Leinwandballen; unter Zusatz aromatischer Stoffe, merkwürdigerweise auch Zwiebeln. Auch die weiblichen Brüste wurden ausgestopft. Dann begann der sicher langwierige Prozeß des Einwickelns mit Leinwandbinden und Tüchern, die im Laufe der Zeit von asphaltenen Stoffen so durchtränkt wurden, daß es dem Wissenschaftler oftmals nicht mehr gelang, sie sorgfältig wieder abzuwickeln. Die Diebe, die es auf die zahllosen Schmuckstücke abgesehen hatten, die in die Binden eingewickelt waren, machten sich natürlich diese Mühe überhaupt nicht, sondern zerschnitten die Binden kreuz und quer.

1898 öffnete Loret, der damalige Generaldirektor der Altertümerverwaltung, unter anderem das Grab Amenophis' II. Auch er fand «wandernde Mumien», die dreizehn

Königsmumien nämlich, die ebenfalls unter der XXI. Dynastie von Priestern in schwerer nächtlicher Arbeit zusammengetragen worden waren. Aber Loret fand längst nicht die Kostbarkeiten, die Brugsch noch gefunden hatte. Nur die Mumien selber fand er unberührt (Amenophis lag in seinem Sarkophag), alles andere war geraubt. Dennoch drangen, nachdem auf Vorstellungen von Sir William Garstin das Grab wieder zugemauert worden war, um die toten Könige in Frieden ruhen zu lassen, ein oder zwei Jahre später moderne Grabräuber ein, rissen Amenophis aus seinem Sarg und beschädigten seine Mumie schwer. Wahrscheinlich hatten auch sie mit den Wächtern zusammengearbeitet wie fast alle Diebe in den Jahrtausenden zuvor. Dieser Fall bewies, daß Brugsch richtig gehandelt hatte, als er das Sammelgrab räumte, und daß jedes Bedenken, geboren aus Pietät, unter den ägyptischen Verhältnissen falsch am Platze war!

Als Emil Brugsch-Bey den engen Schacht wieder emporkletterte, als er die vierzig toten Könige verlassen hatte, arbeiteten seine Gedanken bereits an der Möglichkeit der Bergung. Das Grab zu belassen, wie es war, hieß, daß weitergeplündert würde. Es aber ausräumen und nach Kairo schaffen, bedeutete die Beschäftigung einer Unzahl von Arbeitern, die kaum aus anderem Ort als Kurna zu beschaffen waren, der Heimat Abd-el-Rasuls, der Urheimat der Diebe. Als sich Brugsch zu neuer Audienz dem Mudir melden ließ, hatte er sich trotz aller schrecklichen Möglichkeiten für das letztere entschieden. Der nächste Morgen schon fand ihn mit dreihundert Fellachen am Fundort. Er ließ das Gelände absperren. Zusammen mit seinem arabischen Gehilfen sonderte er eine kleine Gruppe ab, die vertrauenerweckender schien als die Masse der anderen. Während diese schwer arbeitende Gruppe – es stellte sich heraus, daß zum Hieven der schwersten Stücke sechzehn Männer benötigt wurden – die Kostbarkeiten einzeln emporschickte, nahmen Brugsch und sein Gehilfe jede in Empfang, registrierten sie und ließen sie am Fuß des Hügels in eine Reihe legen. Die Arbeit geschah in achtundvierzig Stunden! Howard Carter, der moderne Archäologe, bemerkt lakonisch: «Heutzutage arbeiten wir nicht mehr ganz so schnell!» Die Eile war auch in nicht nur archäologischer Hinsicht übertrieben. Denn der Dampfer aus Kairo hatte mehrere Tage Verspätung. Brugsch-Bey ließ die Mumien verpacken, die Särge einhüllen und nach Luxor schaffen. Erst am 14. Juli fand die Verladung statt.

Dann aber geschah etwas, was Brugsch, den abgehärteten Wissenschaftler, noch mehr beeindruckte als die Entdeckung der Schätze selbst. Denn was sich nun, während sich das Nilschiff langsam stromabwärts den Weg bahnte, abspielte, rührte nicht mehr den Wissenschaftler an, sondern den Menschen, dem die Ehrfurcht noch nicht verlorengegangen war.

Mit Windeseile hatte sich in allen Nildörfern und weit im Lande herumgesprochen, welche Last das Schiff barg. Und es zeigte sich, daß das alte Ägypten, das in seinen Herrschern Götter gesehen hatte, noch nicht erloschen war. Brugsch stand auf dem Verdeck, und er sah, daß Hunderte von Fellachen mit ihren Weibern dem Schiff das Geleit gaben, von Luxor ab immer wieder andere bis weit hinab zum großen Nilknie, bis Kuft und Kench. Die Männer schossen ihre Flinten ab zu Ehren der toten Pharaonen, die Weiber bewarfen Gesicht und Leib mit Erde und Staub und rieben sich die Brüste mit Sand. Die Fahrt des Schiffes war begleitet von weithin hallendem Klagegesang. Eine Fantasia, eine Prozession, fern dem Prunk, erschütternd in der Klage.

Brugsch konnte den Anblick nicht mehr ertragen und wandte sich ab. Handelte er richtig? War vielleicht unterm Blickpunkt jener, die dort ihre Klageschreie ausstießen und die Brüste schlugen, auch er nichts anderes als ein Räuber, als einer jener Diebe und Frevler, die dreitausend Jahre lang die Gräber geschändet hatten? War die Begründung, der Wissenschaft zu dienen, ausreichend?

Howard Carter gab uns viele Jahre später eine klare Antwort. Er nimmt die Geschehnisse um das Grab des Amenophis zum Anlaß für folgende Bemerkung: «Eine Lehre können wir aus diesem Fall ziehen, und wir empfehlen sie den Kritikern, die uns Vandalen nennen, weil wir Gegenstände aus den Gräbern entfernen. Indem wir die Altertümer den Museen zuführen, sorgen wir für ihre Erhaltung; an Ort und Stelle gelassen, würden sie unvermeidlich früher oder später zur Beute der Diebe werden, was ihrer Vernichtung gleichkäme.»

Als Brugsch in Kairo landete, bereicherte er nicht nur ein Museum, sondern die ganze Welt um die Kenntnis von dem, was einst war in Herrlichkeit und unwiederbringlicher Größe.

8. Kapitel

Howard Carter entdeckt Tut-ench-Amun

Im Jahre 1902 erhielt der Amerikaner Theodor Davis von der ägyptischen Regierung die Erlaubnis, im «Tal der Könige» Ausgrabungen vorzunehmen. Er grub zwölf Winter lang. Er entdeckte so aufschlußreiche Gräber wie das des vierten Thutmosis, des Siptah, des Haremheb, und er fand Mumie und Sarg des großen «Ketzerkönigs» Amenophis IV. (dessen Gemahlin Nofretete war, deren herrliche farbige Porträtbüste das bei uns wohl bekannteste ägyptische Bildwerk geworden ist), dieses Herrschers, der sich als Reformator «Echnaton» nannte («Die Sonnenscheibe ist zufrieden») und der an Stelle der altüberlieferten Religion vorübergehend die Verehrung des Sonnengestirns eingeführt hatte.

Im Anfangsjahr des ersten großen Weltkrieges ging die Konzession über an Lord Carnarvon und Howard Carter. Damit beginnt die Geschichte des bedeutendsten ägyptischen Gräberfundes, die, wie die Schwester Carnarvons in einer Skizze über ihren Bruder später schrieb, «wie Aladins Wunderlampe anfängt und wie eine griechische Sage der Nemesis endet».

Die Entdeckung dieses Grabes von Tut-ench-Amun ist für uns hier besonders wichtig: Im Zuge der Geschichte der archäologischen Entdeckungen stellt sie den Höhepunkt aller Erfolge dar. Gleichzeitig aber ist sie – suchen wir in der Entwicklung unserer Wissenschaft einen dramatischen Spannungsbogen zu erkennen – einer Peripetie gleichzusetzen. Die Exposition wurde von Winckelmann und einer unübersehbaren Reihe von Systematikern, Methodikern und Spezialisten geschrieben. Die ersten groben

Knoten der gerade begonnenen Handlung lösten Champollion, Grotefend und Rawlinson (von den beiden zuletzt Genannten wird das «Buch der Türme»* berichten). Die ersten, die aktiv die Handlung weitertrieben und Beifall auf offener Szene fanden, waren Mariette, Lepsius und Petrie in Ägypten, Botta und Layard im Zweistromland (siehe «Buch der Türme»*) und die Amerikaner Stephens und Thompson in Yucatan (siehe «Buch der Treppen»). Zur atemraubenden dramatischen Gipfelung unter leidenschaftlicher Anteilnahme aller Mitspielenden kam es zum ersten Mal in den Entdeckungen von Schliemann und Evans in Troja und Knossos, dann von Koldewey und Woolley in Babylon und im Lande Ur, der Heimat Abrahams. Schliemann war der letzte große, selber grabende Dilettant gewesen, der geniale Einzelgänger. In Knossos und Babylon arbeiteten bereits ganze Stäbe von Fachleuten. Regierungen, Fürsten, reiche Mäzene, wohlhabende Universitäten, archäologische Institute und private Geldmänner aus allen Teilen der modernen Welt sandten Jahr für Jahr wohlausgerüstete Expeditionen in alle Teile der Alten Welt. Bei der Entdeckung des Grabes von Tut-ench-Amun aber wurde alles, was bisher in einzelnen Leistungen und in Unsummen von Erfahrungen auf dem weiten Gebiet der Forschung geleistet worden war, in grandiosester Weise zusammengefaßt. Hier galt kein anderes Diktat als das der Wissenschaft. Die Schwierigkeiten, die Layard mit der abergläubischen Dummheit, Evans mit der Mißgunst der zuständigen Behörden auszufechten hatte, waren hier bereits ersetzt durch die bereitwillige Unterstützung der Regierung. Der Neid der wissenschaftlichen Kollegen, der noch Rawlinson beschimpft und Schliemann das Leben zur Hölle gemacht hatte, wurde ersetzt durch das größte Beispiel internationaler Zusammenarbeit und Hilfsbereit-

* Kapitel aus C. W. Ceram, «Götter, Gräber und Gelehrte», Rowohlt Verlag

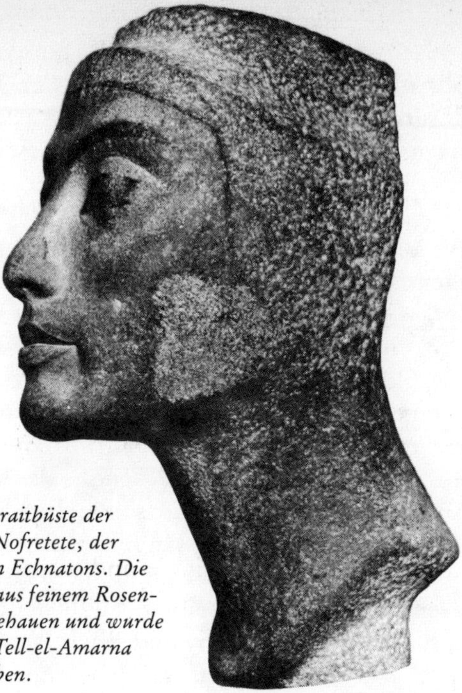

Eine Portraitbüste der Königin Nofretete, der Gemahlin Echnatons. Die Büste ist aus feinem Rosenquarzit gehauen und wurde 1914 bei Tell-el-Amarna ausgegraben.

schaft, das von der Wissenschaft je geboten wurde. Die Zeit der großen Pioniertaten, da ein einzelner, wie Layard etwa, nur mit Esel und Felleisen zur Eroberung einer versunkenen Stadt ausgezogen war, war vorüber. Howard Carter, obwohl als Petrie-Schüler noch vom alten Schrot und Korn, wurde – wenn man solchen Vergleich wagen darf – der archäologische Vollzugsbeamte, bei dem verwegener Vorstoß in unentdecktes Land bereits abgelöst war durch die strengen Methoden des registrierenden Landvermessers einer alten Kultur.

Aber dadurch, daß er sich bei aller wissenschaftlichen Akribie doch die große Begeisterung zu erhalten wußte und gleichzeitig die wissenschaftliche Strenge, Genauigkeit, Sorgfalt ruckartig zur höchsten Vollkommenheit entwickelte, ist auch er einer der Großen im Reich der Altertumswissenschaft, im Reich der Männer, die mit dem Spaten nicht mehr nur nach Schätzen und nach den Leibern toter Könige gruben, sondern nach allen Rätseln der Menschheit, seit sie in den hohen Kulturen Gestalt, Gesicht, Charakter und Geist gewann.

Lord Carnarvon ist als Persönlichkeit eine eigentlich nur in England beheimatete Mischung von Sportsmann und Kunstsammler, Gentleman und Weltfahrer, Realist im Handeln und Romantiker im Fühlen. Als Schüler des Trinity-College in Cambridge machte er eines Tages den Vorschlag, auf eigene Kosten die ursprüngliche schöne Täfelung seines Zimmers von den schändlichen späteren Übermalungen zu befreien; er schweifte schon als Jüngling durch alle Antiquitätengeschäfte und sammelte als Mann mit Leidenschaft und großem Verständnis alte Stiche und Zeichnungen. Gleichzeitig aber ist er ständiger Gast auf allen Rennplätzen, übt sich, bis er ein vorzüglicher Schütze wird, widmet sich dem Wassersport und macht – schon mit dreiundzwanzig Jahren Erbe sehr großen Vermögens – eine Segelfahrt um die Welt. Das dritte in England lizenzierte Auto gehörte ihm. Autosport wurde ihm zur Leidenschaft. Diese Neigung sollte seinem Leben eine entscheidende Wendung geben. Um die Jahrhundertwende hat er in Deutschland auf einer Straße vor Bad Langenschwalbach einen Autounfall, überschlägt sich mit seinem Wagen und hat neben einer Reihe von schweren Verletzungen für sein ganzes weiteres Leben unter starken Atembeschwerden zu leiden, die ihm die Winteraufenthalte in England unerträglich machen. Deshalb geht er 1903 zum erstenmal ins milde Klima Ägyptens, trifft auf die Grabungsfelder mehrerer archäologischer Expeditionen, und der reiche, unabhängige Mann, bisher ohne Aufgabe und Ziel, erkennt in dieser Tätigkeit eine geradezu wunderbare Vereinigungsmöglichkeit seiner Schätzung aller sportlichen Reize und seiner Neigung zu ernsthafter Beschäftigung mit der Kunst. 1906 fängt er mit eigenen Ausgrabungen an. Aber noch im selben Winter erkennt er, daß seine Kenntnisse unzureichend sind. Er bittet Professor Maspero um Rat, und dieser empfiehlt ihm den jungen Howard Carter.

Die Gemeinschaft dieser beiden Männer war ungewöhnlich glücklich. Howard Carter war die vollkommene Ergänzung von Lord Carnarvon. Er war der umfassend gebildete Wissenschaftler, der sich, schon bevor Lord Carnarvon ihn mit der ständigen Oberaufsicht über alle seine Grabungen belehnt hatte, bei Petrie und Davis beträchtliche praktische Erfahrungen gesammelt hatte. Da aber war er alles andere als ein phantasieloser Faktenforscher, obwohl einige Kritiker seiner Arbeit ihm übertriebene Pedanterie nachsagten. Er war immer von praktischem Geschick und, wenn es drauf ankam, von Unerschrockenheit, ja, von Waghalsigkeit. Das zeigt sich in der abenteuerlichen Episode des Jahres 1916.

Er befand sich auf einem kurzen Urlaub in Luxor, als eines Tages mit den Zeichen großer Bestürzung die Dorfältesten zu ihm kamen und ihn flehentlich um Beistand baten. Durch die Anforderungen des Krieges, die selbst in Luxor spürbar geworden waren, war der Beamtenapparat stark dezimiert worden, die Kontrolle und polizeiliche Aufsicht hatte nachgelassen, und die Grabräuberei war unter den wackeren Enkeln Abd-el-Rasuls jäh wiederaufgelebt.

Eine Gruppe dieser Räuber hatte auf der Westseite des Hügels oberhalb des «Tals der Könige» einen Fund gemacht. Kaum hatte eine Konkurrenzgruppe davon gehört, als sie sich aufmachte, um teilzuhaben an den vermuteten Schätzen. Was nun geschah, mutet an wie ein schlechter Film.

Es kam zu einem Gefecht zwischen den beiden Banden. Die erste Abteilung wurde überrumpelt, geschlagen und vertrieben, und es bestand größte Gefahr, daß es zu weiteren blutigen Auseinandersetzungen kommen würde. Carter, obwohl auf Urlaub und für diese Vorgänge nicht im mindesten verantwortlich, entschloß sich zu handeln. Lassen wir ihn selbst berichten:

«Es war schon spät am Nachmittag. Eilig sammelte ich die wenigen meiner Arbeiter, die der militärischen Aushebung entgangen waren, und machte mich mit der nötigen Ausrüstung nach dem Tatort auf den Weg, ein Unternehmen, das einen Aufstieg von über 600 Meter auf die Hügel von Kurna bei Mondschein mit sich brachte. Es war Mitternacht, als wir auf dem Schauplatz ankamen und der Führer mir das Ende eines Seiles zeigte, das an einem senkrechten Felsen hinabhing. Wenn wir hinhorchten, konnten wir die Räuber tatsächlich arbeiten hören; ich schnitt erst ihr Seil und damit das Mittel zum Entkommen ab und ließ mich, nachdem ich ein eigenes, gutes, starkes Seil befestigt hatte, über den Felsen hinunter. Sich um Mitternacht an einem Seil in ein Nest voll geschäftiger Grabräuber hinunterzulassen, ist ein Zeitvertreib, dem es nicht an Reiz mangelt. Acht Mann waren an der Arbeit, und als ich unten ankam, gab es ein paar ungemütliche Augenblicke. Ich stellte ihnen die Wahl, sich vermittels meines Seils davonzumachen oder ohne Seil zu bleiben, wo sie waren; schließlich nahmen sie Vernunft an und entfernten sich. Den Rest der Nacht verbrachte ich an Ort und Stelle ...»

Man muß diese bescheidene und fast trockene Darstellung, die die Gefährlichkeit der Situation nur galgenhumorig durchblitzen läßt, mit seiner Phantasie auffüllen, um sich das Bild eines recht streitbaren Archäologen machen zu können. Übrigens wären die Räuber, hätte Carter sie gewähren lassen, enttäuscht worden. Der Fund stellte sich als ein Grab heraus, das ursprünglich wohl für die Königin Hatschepsut angelegt worden war. Es barg keinerlei Schätze, sondern nur einen unvollendeten Sarkophag aus kristallinischem Sandstein. –

Carnarvon und Howard Carter gingen zusammen an die Arbeit. Erst der Herbst 1917 erlaubte ihnen, in solchem Maßstab zu arbeiten, wie allein es Erfolg versprechen konnte. Und es geschah etwas, was wir des öfteren bereits in der Geschichte der Wissenschaften erlebten: Auf Anhieb führte eine glückhafte Eingebung dazu, daß das engste Feld, auf dem die Entdeckung stattfinden sollte, sofort richtig abgesteckt wurde. Gleich aber setzten sich äußere Umstände, kritische Überlegungen, Zaghaftigkeiten, Zweifel und vor allem «fachmännische Hinweise» als Hemmschuh vor die Vollendung der Tat, die dadurch hinausgezögert, ja, beinahe verhindert wurde.

Hatte nicht schon einer der allerersten Ausgräber überhaupt, der neapolitanische Cavaliere Alcubierre, als er mit ähnlichem Glück am 6. April 1748 gerade auf die Mitte Pompejis gestoßen war, die Grablöcher wieder zugeschüttet, voll Ungeduld angefangen, an anderer Stelle zu graben, um erst nach Jahren festzustellen, daß der erste Spatenstich der richtige gewesen war?

Carnarvon und Carter sahen vor sich das «Tal der Könige». Dutzende hatten vor ihnen hier gegraben, und kein einziger hatte genaue Aufzeichnungen oder gar Pläne darüber hinterlassen. So türmte sich wie ein künstliches Mondgebirge Schuttberg neben Schuttberg, zwischen ihnen die Eingänge zu den entdeckten Gräbern. Es gab keinen anderen Weg, als planmäßig bis auf den Felsboden zu graben. Und Carter schlug vor, in einem Dreieck zu beginnen, das durch die Gräber Ramses' II., Merenptahs und Ramses' VI. abgesteckt war. «Auf die Gefahr hin», schreibt er später, «eines nachträglichen Besserwissens beschuldigt zu werden, will ich feststellen, daß wir entschieden Hoffnung hatten, das Grab eines bestimmten Königs zu finden, und dieser König war Tut-ench-Amun!»

Das klingt unglaublich, wenn man sich das durch und durch umgewühlte «Tal» vorstellt. Das klingt besonders deshalb so kühn, weil die Gründe, die die beiden Ausgräber mit solcher Hoffnung erfüllten, so außerordentlich geringfügig waren und die Meinung der Fachwelt mit Entschiedenheit dahin ging, daß die Zeit der Entdeckungen im «Tal der Könige» vorüber sei.

Genau hundert Jahre vorher hatte bereits Belzoni, als er

die Gräber von Ramses I. und Sethos I., von Eje und Mentu-her-chopschef ausgeräumt hatte, geschrieben: «Ich bin der festen Überzeugung, daß es im Tal von Biban-el-Muluk keine anderen Gräber als die durch meine kürzlichen Entdeckungen bekannten gibt; denn ehe ich diesen Ort verließ, spannte ich alle meine bescheidenen Kräfte an in dem Bestreben, noch ein Grab zu finden, aber ohne Erfolg; meine Ansicht wird dadurch bestätigt, daß sich unabhängig von meinen eigenen Forschungen der britische Konsul, Herr Salt, dort vier Monate aufhielt, nachdem ich den Ort verlassen hatte, und sich gleichfalls vergeblich bemühte, noch ein Grab zu finden.» Siebenundzwanzig Jahre nach Belzoni, 1844, kam die große preußische Expedition und vermaß das «Tal» gründlich. Als sie abzog, war auch ihr Leiter, wieder Richard Lepsius, der Meinung, daß alles entdeckt sei, was zu entdecken war. Das hinderte nicht, daß Loret kurz vor der Jahrhundertwende doch noch Gräber fand, ebenso wie Davis kurz nach ihm. Nun aber war buchstäblich jedes Sandkörnchen im «Tal» dreimal gesiebt und gewendet, und als Maspero als Vorsteher der Altertümerabteilung die Konzession für Lord Carnarvon unterzeichnete, gab mit ihm wieder ein Gelehrter der Überzeugung Ausdruck, daß die Konzession eigentlich überflüssig sei; das «Tal» hätte keine Funde mehr zu vergeben.

Was aber gab nach all dem Carter die Hoffnung, dennoch ein Grab zu finden, ja, nicht nur irgendeins, sondern ein ganz bestimmtes? Er kannte aus eigener Anschauung die Funde von Davis. Und darunter war – unter einem Felsen entdeckt – ein Fayencebecher mit dem Namen Tut-ench-Amun. Und in einem Schachtgrab ganz in der Nähe hatte er einen zerbrochenen hölzernen Kasten gefunden. Die Goldplättchen, die dieser Kasten noch enthielt, trugen ebenfalls den Namen Tut-ench-Amuns. Davis stellte die voreilige Behauptung auf, dieses Schachtgrab sei die letzte Ruhestätte des Königs. Carter zog einen anderen Schluß. Dieser wurde bestärkt, als sich herausstellte, daß ein dritter Fund von Davis bei der ersten Prüfung nicht richtig erkannt worden war. Es waren einige mit scheinbar unwichtigen Tonscherben und Leinwandbündeln angefüllte Tongefäße in einem Felsloch. Erneute Überprüfung im New Yorker «Metropolitan Museum of Art» ergab plötzlich, daß es sich zweifellos um die versteckten Reste des Materials handelte, das bei den umständlichen Zeremonien und Bestattungsfeierlichkeiten Tut-ench-Amuns benutzt worden war. Nicht genug damit: Schließlich waren Davis noch, als er das Versteck Echnatons, des Ketzerkönigs, fand, mehrere Tonsiegel Tut-ench-Amuns in die Hand gefallen.

Das alles sieht vielleicht nach starker Beweiskraft aus. Es scheint, als sei ohne weiteres für Carter der Schluß erlaubt gewesen, daß nach diesen Funden das Grab des Tut-ench-Amun entgegen allen bisherigen Mißerfolgen doch noch irgendwo in der Nähe der Fundstücke, also in der Mitte des «Tals» liegen müsse. Aber bedenken wir die drei Jahrtausende, die seitdem über das «Tal» gegangen waren, bedenken wir die zahllosen Verschleppungen aller Grabinhalte durch Räuber und Priester, und nicht zuletzt das zerstörende Wühlen im Anfang oft unkundiger Archäologenarbeit. Carters vier «Beweise» waren ein paar Goldplättchen, ein Fayencebecher, ein paar Tongefäße und einige Siegel. Um an sie nicht nur die Hoffnung, sondern die instinktsichere Gewißheit zu knüpfen, das Grab des Tut-ench-Amun zu finden – dazu gehörte eine geradezu unglaubliche Zuversicht ins eigene Glück.

Als Carnarvon und Carter mit dem Graben begonnen hatten, entfernten sie in einer Winterarbeit innerhalb des abgesteckten Dreiecks einen großen Teil der obersten Schichten und rückten bis an den Fuß des geöffneten Grabes von Ramses VI. vor. «Hier stießen wir auf eine Reihe Arbeiterhütten, die auf einer Menge großer Feuersteinknollen errichtet waren, wie sie im ‹Tal› immer ein Zeichen für die Nähe eines Grabes sind.»

Was nun geschah, wird, wenn man zusammenrückt, was in mehreren Jahren sich abspielte, spannungsvoll. Wegen der Touristen nämlich, denen eine Weiterarbeit in der begonnenen Richtung den Besuch des gern betrachteten Ramses-Grabes verwehrt hätte, entschlossen sich die Ausgräber, das Graben an diesem Ort bis zu günstigerer Gelegenheit zurückzustellen. So gruben sie im Winterhalbjahr 1919/20 nur am Eingang des Grabes Ramses VI. und fanden dort und in einem kleinen Versteck auch tatsächlich mehrere archäologisch nicht unwichtige Einzelstücke von Grabausrüstungen. «So nahe an einem wirklichen Fund waren wir bisher bei all unseren Arbeiten im ‹Tal› noch nie gewesen», notiert Carter.

Jetzt hatten sie ihr Dreieck bis auf das Stück, auf dem die Arbeiterhütten standen, «abgeschabt», wie Petrie gesagt hätte. Und wieder lassen sie diesen letzten Teil unberührt, wieder begeben sie sich an eine ganz andere Stelle, in ein kleines Seitental zum Grab des dritten Thutmosis, und graben dort zwei Winter lang, um «nichts eigentlich Wertvolles» zu finden.

Nun tun sie sich zusammen und erörtern ernsthaft, ob sie nach dieser mehrjährigen Arbeit mit so relativ spärlicher Ausbeute nicht ihre ganze Grabung doch an völlig anderen Ort verlagern sollen! Nur die Stelle mit den Arbeiterhütten und Feuersteinknollen war immer noch nicht untersucht worden, die Stelle am Fuß des Grabes von Ramses VI. Nach langem Zögern und vielfach wieder umgestoßenen Entschlüssen kommen sie überein, dem «Tal» noch einen, nur einen einzigen und wirklich den letzten Winter zu widmen.

Und sie stachen nun genau auf der Stelle des «Tals» den Boden an, den sie sechs Winter zuvor bereits bezeichnet hatten – am Platz der Hütten und Feuersteine. Und diesmal, als sie endlich taten, was sie bereits sechs Jahre lang hätten tun können, als sie nämlich die Arbeiterhütten abrissen, da hatten sie kaum die Hacke angesetzt, als sie den Eingang zum Grabe Tut-ench-Amuns fanden, zum reichsten Königsgrab Ägyptens! Und Carter schreibt: «... das Plötzliche dieser Entdeckung versetzte mich in eine Art

Betäubung, und die folgenden Monate waren so voller Ereignisse, daß ich kaum Zeit zum Nachdenken gefunden habe.»

Am 3. November 1922 begann Carter – Lord Carnarvon befand sich zu dieser Zeit in England – die Arbeiterhütten abzureißen (es waren Bruchstücke von Hütten aus der XX. Dynastie). Am Morgen des nächsten Tages wurde unter der ersten Hütte eine Steinstufe gefunden. Am Nachmittag des 5. November waren so viele Schuttmassen beiseite geräumt, daß kein Zweifel mehr daran bestehen konnte, daß der Eingang eines Grabes gefunden worden war.

Aber vielleicht war das Grab eines der unvollendeten, unbenutzten? Vielleicht war es, wenn es wirklich eine Mumie barg, geschändet und geplündert wie alle anderen Gräber? Vielleicht war auch, um keine pessimistisch gesehene Möglichkeit auszulassen, die Mumie, falls eine vorhanden war, nur die eines Hofbeamten oder Priesters?

Die Arbeit schritt voran, und Carters Erregung stieg. Stufe um Stufe trat aus dem Schutt. Als der jähe ägyptische Sonnenuntergang hereinbrach, trat der Fuß der zwölften Stufe hervor, und es wurde «der obere Teil einer verschlossenen, mit Mörtel bestrichenen und versiegelten Tür sichtbar».

«Eine versiegelte Tür ... Es war also wirklich wahr ... Es war ein Augenblick, bei dem es einen Ausgräber durchschauern konnte.»

Carter prüfte die Siegel. Es waren die der Königstotenstadt. Also mußte zumindest eine sehr hochgestellte Persönlichkeit hinter ihr ruhen. Da die Hütten der Arbeiter seit der XX. Dynastie den Eingang versperrt hatten, mußte mindestens seit dieser Zeit das Grab ungeplündert sein! Und als Carter, fiebernd vor Aufregung, ein Guckloch in die Tür bohrt, «gerade groß genug zum Einführen einer elektrischen Lampe», entdeckt er, daß der Gang hinter der Tür völlig mit Geröll ausgefüllt ist – ein weiterer überzeugender Beweis für den sicheren Schutz, der dem Grab gegeben worden war.

Als Carter, nachdem er seine zuverlässigsten Arbeiter zur Bewachung zurückgelassen hatte, bei Mondschein das «Tal» hinunter heimreitet, kämpft er mit einem Entschluß. «Alles, buchstäblich alles konnte hinter jenem Gang liegen, und es bedurfte meiner ganzen Selbstüberwindung, um nicht den Türeingang zu erbrechen und auf der Stelle weiterzusuchen!» hatte er notiert, als er durch das Guckloch blickte. Jetzt, während das Maultier heimwärts trabt, ringt er mit seinem Drang, seiner Ungeduld, seiner Stimme, die ihm sagt, daß er vor ungeheurer Entdeckung stehe. Und es ist der Bewunderung wert, wenn der Entdecker nach sechsjähriger vergeblicher Arbeit nun vor dem großen Fund stehend, sich entschließt, das Grab wieder zuzuschütten und das Eintreffen Lord Carnarvons, des Förderers und Freundes, abzuwarten.

Am Morgen des 6. November schickt er das Telegramm: «Habe endlich wunderbare Entdeckung im Tal gemacht; ein großartiges Grab mit unbeschädigten Siegeln; bis zu Ihrer Ankunft alles wieder zugedeckt. Gratuliere!» Am 8. bereits treffen zwei Antworten ein: «Komme, wenn möglich, bald!» – «Denke am 20. in Alexandrien einzutreffen!»

Am 23. traf Lord Carnarvon mit seiner Tochter in Luxor ein. Länger als vierzehn Tage hatte Carter in zehrender Ungeduld, in fiebrig glühender Erwartung untätig vor dem wieder zugeschütteten Grabe sitzen müssen. Schon zwei Tage nach dem Entdecken der Stufen ergoß sich ein Strom von Glückwünschen über ihn. Aber Glückwünsche wozu, zu welcher Entdeckung, zu was für einem Grab? Carter wußte nicht: Hätte er nur eine einzige Handbreit weitergegraben, so wäre er auf einen vollkommen klaren und deutlichen Siegelabdruck Tut-ench-Amuns gestoßen. «Ich hätte eine bessere Nachtruhe gehabt und mir fast drei Wochen Ungewißheit erspart!»

Am Nachmittag des 24. schaufelten die Arbeiter die ganze Treppe frei. Sechzehn Stufen stieg Carter hinab und stand vor der versiegelten Tür. Jetzt sah er die deutlichen Abdrücke und den Namen Tut-ench-Amun; aber er sah noch mehr. Er erblickte, was bis dahin fast alle Entdecker eines Königsgrabes hatten erblicken müssen; auch hier wieder waren andere schneller gewesen. Auch hier hatten Räuber ihr Werk getan.

«Da jetzt die ganze Tür im Licht freistand, vermochten wir etwas zu erkennen, was bisher unseren Blicken entgangen war – nämlich, daß sie an einem Teil zweimal nacheinander geöffnet und wieder geschlossen worden war; ferner, daß die zuerst entdeckten Siegel, der Schakal und die neun Gefangenen, an den wieder geschlossenen Teilen angebracht worden waren, während die Siegel Tut-ench-Amuns sich an dem Teil der Tür befanden, der noch in seinem ursprünglichen Zustand war, und folglich die waren, die das Grab ursprünglich gesichert hatten. Also war das Grab nicht vollständig unversehrt, wie wir gehofft hatten. Plünderer hatten es betreten, und zwar mehr als einmal. Nach den Hütten zu urteilen, die darüber standen, waren es Plünderer aus einer Zeit, die nicht nach der Regierungszeit Ramses' IV. lag; doch daß sie nicht alles ausgeraubt hatten, bewies der Umstand, daß das Grab wieder versiegelt worden war.»

Mit dieser Entdeckung aber war es nicht genug. Carters Verwirrung und Ungewißheit steigerten sich. Als er den letzten Treppenschutt beiseite räumen ließ, fand er Scherben und Kästen mit dem Namen Echnatons, Sakeres und Tut-ench-Amuns, fand einen Skarabäus von Thutmosis III. und ein Stück eines anderen mit dem Namen Amenophis' III. Konnte diese Fülle von Königsnamen einen anderen Schluß zulassen als den, daß entgegen den Erwartungen doch nicht ein Einzelgrab, sondern ein Versteck für viele gefunden worden war?

Gewißheit darüber konnte nur die Öffnung der Tür bringen. Die nächsten Tage waren angefüllt mit dieser Arbeit. Wie Carter schon beim ersten Blick durch die kleine Öffnung festgestellt hatte, lag dahinter ein Gang, angefüllt mit Geröll. An der Verschiedenartigkeit dieses Gerölls war deutlich erkennbar, wo die Räuber in schulterbreitem Tunnel eingedrungen waren und auf welche Art sie den Gang wieder zugeschüttet hatten.

Nach mehrtägiger Arbeit stießen die Ausgräber etwa zehn Meter in der Tiefe des Ganges auf eine zweite Tür. Auch hier fanden sich die Siegel Tut-ench-Amuns und der Königstotenstadt, auch hier aber war deutlich zu erkennen, wo unrechte Besucher bereits eingedrungen waren.

Aus der Ähnlichkeit dieser ganzen Anlage mit einem Versteck Echnatons, das ganz in der Nähe gefunden worden war, kamen Carter und Carnarvon nun zur ziemlich sicheren Überzeugung, wirklich nur ein Versteck statt eines Grabes gefunden zu haben. Und war in einem Versteck, das offensichtlich schon von Räubern besucht war, noch viel zu erwarten?

Ihre Hoffnungen waren gedämpft. Dennoch stieg die Spannung, je mehr Geröll vor der zweiten Tür entfernt wurde. «Der entscheidende Augenblick war gekommen», schreibt Carter. «Mit zitternden Händen machten wir eine kleine Öffnung in der linken oberen Ecke ...»

Carter nahm eine Eisenstange und stieß sie hindurch; sie schwenkte frei durch den leeren Raum. Er machte ein paar Flammenproben; keinerlei Gase machten sich bemerkbar. Dann erweiterte er das Loch.

Nun drängten sich alle Beteiligten zusammen, Lord Carnarvon, seine Tochter Lady Evelyn und der Ägyptologe Callender, der auf die erste Nachricht vom neuen Fund als Helfer herbeigeeilt war. Carter strich mit nervöser Bewegung ein Zündholz an, entflammte die Kerze und führte sie an das Loch; seine Hand war nicht sicher. Als er, buchstäblich zitternd vor Erwartung und Neugier, den Kopf der Öffnung näherte, um endlich den Blick ins Innere zu tun, brachte die heiße Luft, die sich von innen her ihren Ausweg suchte, die Kerze zum Flackern. Carter konnte im ersten Augenblick nichts erkennen. Als aber seine Augen sich an das matte Flackerlicht gewöhnten, als er erst Kon-

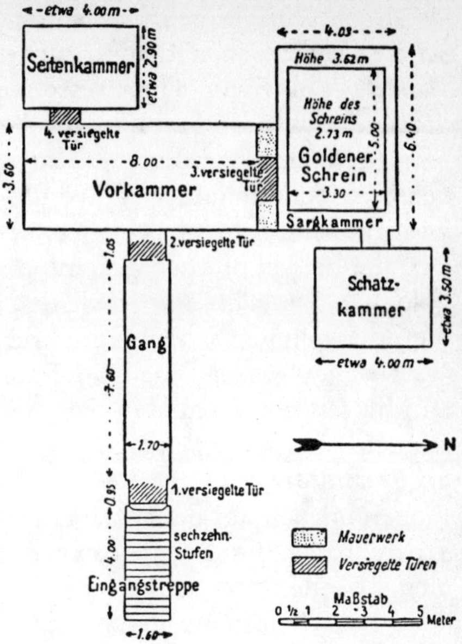

Skizze des Grabes von Tut-ench-Amun
nach Howard Carter / A. C. Mace: The Tomb of Tut-ankh-amen Bd. I., London 1923, S. 223

turen, dann Schatten, dann erste Farben wahrnahm, als sich seinem Blick immer deutlicher abzeichnete, was der Raum hinter der zweiten versiegelten Tür enthielt – da brach er nicht etwa in verzückte Rufe aus, sondern er blieb stumm ... Eine Ewigkeit verging für die, die neben ihm warteten. Dann konnte Carnarvon die Ungewißheit nicht mehr länger ertragen und fragte: «Können Sie etwas sehen?»

Und Howard Carter wendet sich langsam um und sagt aus tiefster Seele, wie verzaubert: «Ja, wunderbare Dinge!»

«Sicher hatte man nie vorher in der ganzen Geschichte von Ausgrabungen so Wunderbares geschaut, wie es uns jetzt das Licht unserer elektrischen Lampe enthüllte.»

Das sagt Carter, als sich die erste Erregung der Entdekker gelegt hatte und sie nacheinander in Ruhe vor das Guckloch getreten waren. Und das Wort wurde gültig, als sie am 17. die Tür geöffnet hatten. Als jetzt das Licht einer starken elektrischen Lampe zuckende Blitze auf goldenen Bahren, goldenem Thronsessel, matte Reflexe auf zwei großen schwarzen Statuen, auf Alabastervasen und seltsamen Schreinen hervorrief. Bizarre Tierköpfe schleuderten verzerrte Schatten über die Wände. Aus einem der Schreine züngelte eine goldene Schlange. Wie Schildwachen standen sich die beiden Statuen gegenüber «mit goldenem Schurz, goldenen Sandalen, mit Keule und Stab und mit der schimmernden heiligen Schlange an ihrer Stirn».

Zwischen dieser Pracht, die mit wenigen Blicken nicht zu übersehen war, fanden sich die Spuren des Lebendigen. An der Tür stand noch ein halb gefülltes Gefäß mit Mörtel, dort stand die noch geschwärzte Lampe, hier war noch der Fingerabdruck auf der frisch gemalten Fläche, dort auf der Schwelle lag das zum Abschiedsgruß niedergelegte Blumengewinde.

So zwischen totem Prunk und lebendigem Zeichen dauerte es geraume Zeit, bis sich Carnarvon und Carter plötzlich bestürzt der Tatsache bewußt wurden, daß in dieser Museumsfülle kostbarer Schätze weder ein Sarkophag noch eine Mumie zu erblicken war. Sollte die vielerörterte Frage – Grab oder Versteck? – sich von neuem erheben?

Da entdeckten sie, als sie zum erstenmal ihre Augen systematisch über alle Wände führten, daß sich zwischen den beiden königlichen Schildwachen eine dritte versiegelte Tür befand. «Visionen von Kammer über Kammer, jede gleich der ersten, die wir gesehen hatten, von Gegenständen erfüllt, zogen in Gedanken an uns vorüber und ließen uns atemlos zurück.» Als sie am 27. mit Hilfe der starken elektrischen Lampen, die Callender inzwischen installiert hatte, diese dritte Tür untersuchten, erkannten sie dicht über dem Boden eine Öffnung, auch versiegelt, aber später als die eigentliche Tür. Auch hier waren die Räuber gewesen. Was konnte diese zweite Kammer oder dieser zweite Gang noch bergen? Wenn sich die Mumie hinter der Tür befand – war sie beschädigt? Es gab hier einiges, was rätselhaft war. Nicht nur die ganze Anlage dieses Grabes war abweichend von allen bisher bekannten anderen; viel merkwürdiger war, daß Räuber sich die Mühe gemacht hatten, durch die dritte Tür einzudringen, ohne sich zuerst dessen zu bemächtigen, was greifbar vor dieser Tür lag. Was wollten sie finden, daß sie durch die Haufen von Gold, die in der Vorkammer lagen, nur hindurchwateten? –

Als Carter sich in dieser erstaunlichen Schatzkammer umsah, erblickte er hinter den Gegenständen mehr als ihren Materialwert. Welche Aufschlüsse gaben diese Dinge der Forschung! Hier waren zahllose ägyptische Gebrauchs-, Luxus- und Kulturgegenstände zusammengetragen, von denen jedes einzelne Stück vom Archäologen als reichlicher Lohn eines ganzen mühsamen Grabungswinters angesehen worden wäre. Außerdem offenbarte sich hier die ägyptische Kunst einer bestimmten Epoche in solcher Kraft und Lebendigkeit, daß Carter nach nur eiligem Umblick bereits klar wird: ein genaues Studium wird «eine Änderung, wenn nicht gar einen Umsturz aller früheren Ansichten in sich schließen».

Es dauerte nicht lange, und sie machten eine neue wichtige Entdeckung. Einer von ihnen blickte neugierig unter eine der drei großen Bahren. Er entdeckte ein kleines Loch. Er rief die anderen. Sie krochen herbei und führten die elektrische Lampe ein. Und ihr Blick fiel in eine kleine Seitenkammer, kleiner als die Vorkammer, doch mit Gebrauchsgegenständen und Kostbarkeiten aller Art überfüllt, ja vollgestopft. Und in dieser Kammer war nach dem Besuch der Plünderer nicht aufgeräumt worden (wie offensichtlich in der Vorkammer). Der Räuber, der hier gewühlt hatte, «hatte seine Arbeit mit der Gründlichkeit eines Erdbebens ausgeführt». (Hier erhebt sich wieder die Frage: Die Räuber hatten gewühlt, sie hatten, was sich erkennen ließ, einzelne Stücke aus der Seitenkammer in die Vorkammer hinübergeworfen; sie hatten einiges zerstört, zerbrochen; aber sie hatten außerordentlich wenig wirklich geraubt – nicht einmal das, was hinter der zweiten Tür ihnen direkt in die Hände fiel. Sind sie zu früh überrascht worden?)

Bis zu dieser Entdeckung waren alle, die die Vorkammer hatten betreten dürfen, wie im Rausch gewesen; ihre Gedanken hatten vor diesem Anblick nicht normal funktioniert. Jetzt, nach dem Blick auf das, was die Seitenkammer enthielt, in der Erwartung dessen, was sich hinter der dritten versiegelten Tür noch befinden konnte – jetzt wurde ihnen klar, welch geradezu ungeheure wissenschaftliche Aufgabe ihnen hier gestellt war und welche Arbeit und Organisation vor ihnen lag. Denn dieser Fund – allein der, den sie bis jetzt getan hatten – war nicht in einem Grabungswinter auszuwerten.

9. Kapitel

Die goldene Mauer

Wenn wir jetzt hören, daß Carnarvon und Carter sich entschlossen, das soeben ausgeschaufelte Grab noch einmal zuzuwerfen, so hat das eine andere Bedeutung als das schnelle Zuschütten schnell ergrabener Fundorte durch schnelle frühere Ausgräber.

Diese Ausgrabung dieser Funde um Tut-ench-Amun (noch war keine Gewißheit über das Grab gegeben) wurde vom ersten Augenblick an so überlegt geplant, daß sie als vorbildlich dienen darf – wenn man auch berücksichtigen muß, daß sich bei weniger sensationellem Fund kaum solche Hilfsquellen erschlossen hätten, wie sie damals sofort strömten.

Folgendes war Carter klar: Auf keinen Fall durfte er gleich mit schneller Ausgrabung beginnen. Abgesehen davon, daß es wichtig war, die ursprüngliche Lage aller Gegenstände genau festzustellen (um Zeitbestimmungen und andere Anhaltspunkte zu gewinnen), mußte berücksichtigt werden, daß sehr viele Geräte und Kostbarkeiten sofort nach Berührung (oder vorher) konserviert werden mußten, um erhalten zu werden. Dazu war nötig, daß bei der Größe des Fundes ein umfangreiches Lager an Präpariermitteln und Verpackungsstoffen angelegt wurde. Der Rat Sachverständiger über die beste Behandlungsart mußte eingeholt werden, ein Laboratorium mußte geschaffen werden, um die Möglichkeit einer Sofort-Analyse wichtiger, aber unterm Zugriff eventuell zerfallender Stoffe zu gewinnen. Allein das Katalogisieren solchen Fundes bedurfte großer organisatorischer Vorarbeit. Das alles verlangte Maßnahmen, die nicht vom Fundort aus zu treffen waren. Es war nötig, daß Carnarvon nach England ging und Carter zumindest nach Kairo. Und wer jetzt nach Kenntnis des großen Räuberkapitels der ägyptischen Geschichte doch noch Zweifel darüber hegen sollte, daß selbst in unserer Zeit dieses Kapitel noch nicht abgeschlossen ist, der wird sich durch Carters Entschluß, das Grab am 3. Dezember wieder zuzuschütten, belehren lassen müssen. Denn in dieser Zuschüttung sah Carter – auch wenn er Callender als Wächter zurückließ – die einzige Möglichkeit, sich vor jedem Zugriff moderner Nachfahren der Abd-el-Rasuls zu schützen. Darüber hinaus bestellte er, kaum in Kairo angekommen, ein schweres Eisengitter für die innere Tür.

Aufschlußreich aber für die Gründlichkeit und Exaktheit, mit der diese großartigste ägyptische Ausgrabung vorgenommen wurde, war die Hilfeleistung, die ihr vom ersten Augenblick an aus allen Teilen der Welt in oft selbstlosester Weise entgegengebracht wurde. Carter dankt später für diese umfassende Hilfe, die ihm zuteil wurde, mit Recht. Er beginnt mit dem Abdruck eines Briefes, den ihm der eingeborene Führer seiner Arbeiterschar während seiner Abwesenheit schickte. Er soll auch hier abgedruckt sein, um nicht die intellektuelle Hilfe allein zu rühmen:

Karnak, Luxor 5. August 1923
Mr. Howard Carter Esq.

Ehrenwerter Herr!

Bitte diesen Brief zu schreiben in der Hoffnung, daß Ihr Euch guter Gesundheit erfreut, und erbitte vom Allmächtigen, daß er Euch erhalte und in Sicherheit zu uns zurückbringe.

Bitte Eure Exzellenz zu benachrichtigen, daß Vorratsraum Nr. 15 in Ordnung ist, Schatz ist in Ordnung, der nördliche Vorratsraum ist in Ordnung. Wadain und Haus sind in Ordnung und bei Euren ganzen Arbeiten werden die Anordnungen nach Euren ehrenwerten Angaben weitergeführt.

Howard Carter öffnet die Tür des zweiten vergoldeten Schreins, in dem er den Sarg des Tut-ench-Amun vermutet. Sein Blick fällt auf einen dritten vergoldeten Schrein . . .

Rais Hussein, Gas Hassan, Hassan Awad, Abdelad Ahmed und alle Gaffirs des Hauses möchten ihre besten Grüße senden.

Meine besten Grüße an Euer achtenswertes Selbst und alle Mitglieder der Familie des Lords und an alle Eure Freunde in England.

Sich nach Eurer baldigen Ankunft sehnend

Euer sehr gehorsamer Diener
Rais Ahmed Gurgar

Allein auf die zaghafte Anfrage an eine in Theben direkt benachbarte Expedition stellte ihm Lythgoe, Kurator an der ägyptischen Abteilung des «Metropolitan Museum of Art» in New York seinen Fotografen Harry Burton zur Verfügung. Und Lythgoe, der sich damit eigener wertvoller Hilfsmittel begab, telegrafierte zurück: «Nur zu erfreut, in jeder Weise zu helfen. Bitte über Burton und jedes andere Mitglied unseres Stabes zu verfügen.» Die Folge war, daß auch die Zeichner Hall und Hauser und der Leiter der Ausgrabungen bei den Pyramiden von Lischt, A. C. Mace, zu Carter hinüberwechselten. Von Kairo aus stellte der Direktor der staatlichen ägyptischen Abteilung für Chemie, Lucas, seinen Urlaub zur Verfügung. Dr. Alan Gardiner nahm sich der Inschriften an und Professor James H. Breasted von der Universität Chicago eilte herbei, um seine Kenntnisse für die historische Bedeutung der Siegelabdrücke zur Verfügung zu stellen.

Später – am 11. November 1925 – begannen Dr. Saleh Bey Hamdi und Douglas E. Derry, Professor der Anatomie an der Ägyptischen Universität, die Untersuchung der Mumie. A. Lucas schrieb eine größere Arbeit über «Die Chemie im Grabe» (über Metalle, Öle, Fette, Textilien). P. E. Newberry untersuchte die Blumenkränze im Grabe und bestimmte die Arten der Blumen von vor fast 3300 Jahren (ihm gelang es, aus den gebundenen Blumen und Früchten die Jahreszeit der Bestattung Tut-ench-Amuns festzulegen, aus Kenntnis der Blütezeit von Kornblume und kleiner Picris, der Fruchtreife von Mandragora – dem «Liebesapfel» aus dem Hohenlied – und des Nachtschattens zu sagen: Tut-ench-Amun wurde in der Zeit zwischen Mitte März und Ende April beigesetzt!) «Besondere Stoffe» untersuchten noch Alexander Scott und H. J. Plenderleith.

Diese Zusammenarbeit erstklassiger Spezialisten (auch aus den Gebieten, die der Altertumswissenschaft völlig fern lagen) gab die Gewähr, daß bei der Ausräumung dieses Grabes die wissenschaftliche Ausbeute größer sein würde als je zuvor. Die Arbeit konnte beginnen. Am 16. Dezember bereits wurde das Grab wieder geöffnet, am 18. machte der Fotograf Burton in der Vorkammer die ersten Versuche, und am 27. wurde der erste Gegenstand ans Licht gebracht.

Gründlichkeit verlangt Zeit. Die Arbeit am Grabe Tut-ench-Amuns dauerte mehrere Winter. Sie genau zu beschreiben, ist hier nicht der Platz. Wir folgen dem wunderbaren farbigen Bericht Howard Carters nur in den Höhepunkten. So ist es auch unmöglich, die Funde näher zu beschreiben. Nur ein paar der allerschönsten Stücke dürfen nicht unerwähnt bleiben. Die hölzerne Truhe etwa, eins der künstlerisch wertvollsten Stücke ägyptischer Kunst. Sie war mit dünner Gipsschicht bezogen und auf allen Seiten bemalt. Und bei dieser Bemalung paarten sich Farbgewalt und Farbempfinden mit ganz außerordentlicher Feinheit der Zeichnung. Die Jagd- und Schlachtszenen sind mit solchem Sinn für das wohlkomponierte Detail gezeichnet, daß sie «selbst persische Miniaturen übertreffen». Diese Truhe war mit vielerlei Gegenständen gefüllt. Und es ist ein gutes Beispiel für die Sorgfalt der Arbeit, die von den Wissenschaftlern geleistet wurde, daß es Carter drei Wochen schwerster, weil subtilster Arbeit kostete, um auf den Boden der Truhe zu gelangen.

Nicht weniger bedeutend waren die drei großen Bahren, von deren Gebrauch man durch Grabmalereien wußte, von denen aber noch nie eine gefunden worden war. Es waren merkwürdige Möbelstücke, mit einer Erhöhung für die Füße statt für den Kopf, die erste mit Löwenköpfen, die zweite mit Kuhköpfen, die dritte mit einem Kopf halb Nilpferd, halb Krokodil geschmückt. Alle drei Bahren waren überschüttet mit Kostbarkeiten, mit Waffen und Kleidern; ein Thronsessel lag darauf mit derart verzierter Rückenlehne, daß Carter «ohne zu zögern» behauptet, «daß sie das Schönste darstellt, was bis jetzt in Ägypten gefunden worden ist».

Und schließlich sind die vier Wagen zu nennen, die zu groß gewesen waren, um unzerlegt ins Grab geschafft werden zu können. So hatte man sie zersägt. Die Räuber hatten sie außerdem noch einmal durcheinander geworfen. Alle vier Wagen waren von oben bis unten mit Gold bedeckt; jeder Zoll war entweder mit eingehämmerten Ornamenten und Bildern oder mit eingelegten Bildern aus farbigem Glas und Steinen geziert. Sechshundert bis siebenhundert einzelne Stücke enthielt allein die Vorkammer. Welche Widerstände sich nicht nur von innen (ein kleiner Fehltritt konnte Unersetzliches zerstören), sondern auch von außen ergaben, werden wir noch hören.

Am 13. Mai rollten bei 37 Grad im Schatten auf einer Feldeisenbahn, deren Schienen hinten stets abgebrochen werden mußten, um vorn zu neuem Gleis zu werden, die ersten vierunddreißig schweren Packkisten die anderthalb Kilometer hinunter zum Frachtboot auf dem Nil. Die Kostbarkeiten rollten denselben Weg, den sie in umgekehrter Richtung vor mehr als dreitausend Jahren in feierlicher Prozession zurückgelegt hatten! Sieben Tage später waren sie in Kairo.

Mitte Februar war die Vorkammer ausgeräumt. Es war Platz geschaffen für die Arbeit, der alle mit Spannung entgegensahen: Die versiegelte Tür zwischen den beiden Schildwachen konnte geöffnet werden. Jetzt wurde Gewißheit darüber erwartet, ob die nächste Kammer die Mumie barg. Als sich Freitag, den 17. Februar, nachmittags um 2 Uhr, die etwa zwanzig Personen in der Vorkammer versammelten, die der Ehre des Dabeiseins gewürdigt worden waren, ahnte keiner von ihnen, was er zwei Stunden später sehen sollte. Nach den Schätzen, die bereits geborgen worden waren, war es schwer sich vorzustellen, daß noch Bedeutsameres, noch Kostbareres ans Licht kommen könnte. Die Besucher – es waren Regierungsmitglieder und Wissenschaftler – nahmen auf engen Stuhlreihen Platz. Als Carter den treppenartigen Vorbau erkletterte, dessen Höhe ihm das Lösen der Türsteine bequemer machen sollte, wurde es totenstill.

Carter nahm mit größter Vorsicht die oberste Schicht der Steine heraus. Die Arbeit war zeitraubend und schwierig, denn es bestand Gefahr, daß Steine sich lösten, nach innen fielen und zerstörten oder beschädigten, was immer sich hinter der Tür befand. Außerdem mußte er versuchen, die der Wissenschaft wichtigen Siegelabdrücke zu erhalten. Als sich die erste Öffnung zeigte, gesteht Carter: «Die Versuchung, jeden Augenblick innezuhalten und hineinzuschauen, war unbezwinglich!»

Mace und Callender halfen ihm. Gedämpftes Raunen erhob sich, als sich Carter nach zehn Minuten die an langer Schnur befestigte elektrische Lampe reichen ließ und sie durch die Öffnung einführte.

Was er sah, war außerhalb jeder Erwartung, ja, es war ungeheuerlich, aber im ersten Augenblick auch völlig unbegreiflich. Carter sah sich vor einer blinkenden Wand, die er, von rechts nach links blickend, nicht abmessen konnte. Sie versperrte den ganzen Eingang. Carter führte die Lampe so tief ein, wie er konnte. Er stand vor einer Mauer aus massivem Gold.

So schnell es ging, lockerte er weitere Steine. Jetzt konnten auch die anderen den goldenen Glanz sehen. Als ein Stein nach dem anderen entfernt wurde und immer mehr von der goldenen Mauer sichtbar wurde, da – schreibt Carter – «konnten wir wie durch eine elektrische Leitung das Prickeln der Erregung spüren, in das die Zuschauer hinter der Schranke gerieten».

Jetzt aber wurde Carter, Mace und Callender zur gleichen Zeit klar, was es mit dieser Mauer auf sich hatte. Sie standen tatsächlich vorm Eingang der Sargkammer. Und was sie als Mauer sahen, war die Vorderwand eines ganz ungewöhnlich großen, wahrscheinlich des kostbarsten Totenschreins, den je ein Mensch erblickt hatte. Des Schreins, der in seinem Innern die Särge und schließlich den Sarkophag mit der Mumie bergen mußte.

Zwei Stunden schwerer Arbeit waren nötig, um den Eingang so zu öffnen, daß die Sargkammer zu betreten ging. Eine Pause ergab sich, die die Geduld aller bis zum Zerreißen anspannte, als auf der Schwelle die zerstreuten Perlen einer Halskette gefunden wurden, die die Plünderer wahrscheinlich fallen gelassen hatten. Während die Zuschauer voller Ungeduld auf ihren Stühlen rutschten, sammelte Carter mit der Beharrlichkeit des echten Archäologen, der selbst vorm Allergrößten das Allerkleinste nicht gering achtet, Perle für Perle sorgfältig ein.

Jetzt erwies sich, daß die Sargkammer etwa einen Meter tiefer lag als die Vorkammer. Carter nahm die Lampe und ließ sich hinab. Ja, er stand vor einem Totenschrein. Der Schrein war so groß, daß er fast die ganze Kammer ausfüllte. Carter fand, um ihn abzuschreiten, nur einen etwa 65 Zentimeter breiten Gang zwischen Schrein und Mauer. Er mußte sich mit Vorsicht bewegen, denn auf diesem schmalen Gang waren überall Totengaben aufgestellt.

Lord Carnarvon und Lacau durften jetzt als erste folgen. Sie standen sprachlos. Dann schätzten sie die Größe des Schreins. Später ergab genaue Messung: seine Maße waren 5,00×3,30×2,73 Meter.

Er war tatsächlich von oben bis unten mit Gold überzogen, in die Seiten waren Füllungen von leuchtend blauer Fayence eingelassen, bedeckt mit Zauberzeichen, die dem Toten Schutz gewähren sollten.

Die brennende Frage, die jetzt alle drei überfiel, war diese: Hatten die Räuber Zeit gefunden, auch in diesen Schrein einzudringen? Hatten sie die Mumie geschändet? Carter entdeckte, daß die östlichen großen Flügeltüren des Schreins zwar verriegelt, aber nicht versiegelt waren. Mit bebender Hand zogen sie die Querriegel zurück und schlugen die knarrenden Türen auf. Ein zweiter Schrein leuchtete ihnen entgegen. Auch er hatte verriegelte Türen. Und auf diesen Riegeln befand sich ein unversehrtes Siegel.

Alle drei atmeten hörbar auf. Immer waren bisher die Räuber vor ihnen dagewesen. Hier nun, und zwar vorm wichtigsten Stück des Grabes, waren sie selbst die ersten. Unberührt würden sie die Mumie vorfinden, so wie sie vor mehr als dreitausend Jahren gebettet worden war.

Sie schlossen die Tür – «so leise wie möglich». Sie fühlten sich als Eindringlinge. Sie hatten das fahle leinene Bahrtuch bemerkt, das über den inneren Schrein herabhing. «Wir fühlten, daß wir in Gegenwart des toten Königs waren und ihm Ehrfurcht erweisen mußten.»

Sie waren in diesem Augenblick, dem Höhepunkt ihres Forschens, zu keiner weiteren Entdeckung fähig. Zu großartig war, was sich ihnen geboten hatte. Und doch sollten sie in der nächsten Minute vor neuer Entdeckung stehen.

Sie gingen zum anderen Ende der Kammer. Dort fanden sie – eine Überraschung – eine niedrige Tür, die in eine weitere, doch ziemlich kleine Kammer führte. Sie konnten von ihrem Standpunkt aus alles überblicken, was diese Kammer enthielt. Und wir müssen uns vorstellen, was es bedeutet, wenn Carter nach all dem, was er bisher in diesem Grabe gesehen hatte, sagt: «Ein einziger Blick genügte, uns zu zeigen, daß sich hier die größten Schätze des Grabes befanden!»

Aus der Mitte leuchtete ihnen ein goldenes Denkmal entgegen, das weit über allen bloßen Prunk hinaus in seinen vier Schutzgöttinnen eine solche Anmut, Natürlichkeit und Lebendigkeit, so viel Mitgefühl und Bitten und Erbarmen ausstrahlte, «daß man das Anschauen fast als Entweihung empfand». Carter schreibt in der Erinnerung: «... ich schäme mich nicht, einzugestehen, daß es mir unmöglich war, auch nur ein Wort herauszubringen.»

Langsam begaben sich Carter, Carnarvon und Lacau zurück, am goldenen Schrein vorbei in die Vorkammer. Jetzt durften die anderen hinein. «Es war interessant, von der Vorkammer aus zu beobachten, wie sie einer nach dem anderen in der Tür auftauchten. Allen glänzten die Augen, und alle nacheinander erhoben ihre Hände, wie in unbewußter Unfähigkeit, mit Worten die Wunder zu beschreiben, die sie sahen ...»

Gegen fünf Uhr nachmittags, drei Stunden nachdem sie das Grab betreten hatten, stiegen alle wieder empor. Als sie in den noch hellen Tag hinaustraten, erschien ihnen «das Tal selbst verändert und in einem besonderen Licht».

Die weitere Untersuchung dieses größten Fundes in der Geschichte der Altertumswissenschaft erstreckte sich über mehrere Winter. Leider ging davon der erste Winter fast völlig ungenutzt vorüber; Lord Carnarvon war gestorben, und es ergaben sich plötzlich mit der ägyptischen Regierung ernsthafte Streitigkeiten über die Verlängerung der Konzession und über die Verteilung der Funde. Schließlich gelang es internationalen Interventionen, eine gültige Regelung herbeizuführen. Die Arbeit konnte weitergehen. Im Winter 1926/27 geschahen die wichtigsten nächsten Schritte, das Öffnen des goldenen Schreins, das Auseinandernehmen der verschiedenen kostbaren Särge und die Untersuchung der Mumie des Tut-ench-Amun.

Auch diese Arbeit, die wenig Überraschungen für die der Sensation geneigte Öffentlichkeit, wohl aber für die Wissenschaft der Ägyptologie bot, steigerte sich zu einem Höhepunkt hin. Es war der Augenblick, da die Forscher zum erstenmal dem ins leibhaftige Antlitz blickten, der dreiunddreißig Jahrhunderte hindurch unsichtbar für jedes sterbliche Auge geschlafen hatte. Daß dann gerade dieser ersehnte Augenblick die einzige Enttäuschung des Grabes bringen sollte, ist einer der Brüche, die auch die beste Glückskette schließlich in einem ihrer Glieder zu zeigen pflegt.

Die Arbeit begann mit dem Abtragen der Ziegelwand zwischen Vorkammer und Sargkammer. Es folgte das Auseinandernehmen des ersten goldenen Schreins. In ihm stand ein zweiter, im zweiten ein dritter.

Carter hatte Grund zu glauben, daß er nun auf den Sarg stoßen würde. Er beschreibt das Öffnen des dritten Schreins und die neue Entdeckung: «Mit unterdrückter Erregung ging ich an das Öffnen des dritten Schreins, und ich werde diesen spannenden Augenblick unserer mühsamen Arbeit wohl nie vergessen. Ich zerschnitt den Strick, entfernte das kostbare Siegel, zog die Riegel zurück, öffnete die Türen, und ein vierter Schrein stand vor uns. Auch er glich den anderen, nur war er noch prächtiger und schöner gearbeitet als der dritte. Welch unbeschreiblicher Augenblick für einen Archäologen: Wieder standen wir vor dem Unbekannten. Was barg nun dieser Schrein? In heftiger Erregung zog ich die Riegel der letzten, unversiegelten Türen zurück; langsam schlugen sie auf. Vor uns stand, den ganzen Schrein ausfüllend, der ungeheure gelbe Quarzitsarg, unberührt, als hätten fromme Hände ihn eben erst geschlossen. Welch unvergeßlicher herrlicher Anblick, noch gesteigert durch das Glitzern des Goldes auf den Schreinen. Über das Fußende des Sarkophages breitete schützend eine Göttin Arme und Flügel, als wollte sie den Eindringling abwehren. In Ehrfurcht standen wir vor diesem beredten Zeichen ...»

Allein der Abtransport der Schreine aus der Grabkammer erforderte vierundachtzig Tage schwerer körperlicher Arbeit. Die vier Schreine umfaßten zusammen ungefähr achtzig Teile – und jedes Teil war schwer, unhandlich und äußerst empfindlich!

Es entbehrt nicht der Komik, die man neben dem Erhabenen nie übersehen sollte, wenn Carter, ein Fachmann im Auseinandernehmen, die Arbeit derer tadelte, die einst die Schreine zusammenfügten. Während er die Meisterschaft der Handwerker bewundert, die die Schreine bauten und vor der Aufstellung jedes Stück sorgfältig mit Nummern und Orientierungszeichen versahen, tadelt er streng die Montierer. «Das Aufstellen aber ist offenbar in Eile und von durchaus unzuverlässigen Leuten ausgeführt worden, denn die einzelnen Teile sind verwechselt und nach den verkehrten Himmelsrichtungen hin aufgestellt, so daß die Schreintüren sich nach Westen statt nach Osten öffneten und das Fußende nach Osten gerichtet war statt nach Westen. Dieser Fehler mag ihnen verziehen sein ... Andere Nachlässigkeiten sind aber unverzeihlich. Die Goldverzierungen sind beschädigt, tiefe Eindrücke von Hammerschlägen sind heute noch auf ihnen sichtbar. An einigen Stellen sind ganze Stücke abgeschlagen, und Holzspäne und anderer Abfall sind nie weggeräumt worden.»

Am dritten Februar schließlich erblicken die Forscher zum erstenmal den Sarkophag völlig frei, ein Kunstwerk, geschlagen aus einem einzigen monumentalen Block edelsten gelben Quarzits, 2,75 Meter lang, 1,50 Meter breit und 1,50 Meter hoch. Eine Granitplatte deckte ihn zu.

Als die Winden, die diese mehr als zwölf Zentner schwere Platte heben sollten, kreischend zu arbeiten begannen, war wieder einmal eine Fülle prominenter Besucher im Grabe. «Unter tiefem Schweigen hob sich die riesige Platte ...» Der erste Anblick war enttäuschend: eine Unzahl verhüllender Leinentücher. Um so bezaubernder war der zweite Blick, der, als die Tücher nacheinander entfernt worden waren, auf den König selber fiel.

Schon auf seinen Leib? Nein, auf ein goldenes Abbild des noch knabenhaften Herrschers. Der Goldstuck strahlte, als sei er soeben aus der Werkstatt gekommen. Kopf und Hände waren plastisch vollendet ausgeformt, der Körper dagegen in flachem Relief gearbeitet. In den gekreuzten

Drei vergoldete Holzstatuetten aus dem Grab Tut-ench-Amuns
Die 75 cm hohen Darstellungen des Pharao tragen die Kronen Unter- und Ober-Ägyptens.

Händen hielt er die königlichen Insignien: Krummstab und Wedel, ausgelegt mit blauer Fayence. Das Gesicht war pures Gold, die Augen waren aus Arragonit und Obsidian, Brauen und Lider aus lapislazulifarbenem Glas. Dies bunte Gesicht wirkte starr, maskenhaft und doch lebendig zugleich.

Was aber wirkte auf Carter und die anderen Anwesenden bei diesem Anblick ungleich mehr? Carter beschreibt es: «... das war der rührende kleine Blumenkranz, der Abschiedsgruß der jugendlichen Witwe an ihren geliebten Gatten. All die königliche Pracht, all die königliche Herrlichkeit, all der Glanz und Schimmer des Goldes verblaßt gegen die armen verdorrten Blumen, die noch in dem matten Schein ihrer einstigen Farben schimmerten. Sie sprachen am eindringlichsten von der Flüchtigkeit der Jahrtausende.» Es ist eine nicht unwichtige Bemerkung Carters, wenn er, als er im Winter 1925/26 wieder in das Grab einsteigt, um die Särge zu öffnen, sagt: «Auch diesmal überwältigt uns wieder das Geheimnis des Grabes, die Scheu und die Ehrfurcht vor dem längst Vergangenen und noch immer Mächtigen. Selbst während rein mechanischer Betätigungen an seinem Werke verliert der Archäologe dieses Gefühl nie ganz.» Wir sollten solche Bemerkung, ebenso wie die über den Blumenkranz, nicht als Sentimentalität, sondern als menschlich nehmen. Es ist gut zu wissen, daß dem strengen Wissenschaftler auch das Gemüt nicht unangesprochen bleibt.

Es ist hier nicht möglich, bei den Einzelheiten und kleinen Vorkommnissen zu verweilen, die das zeitraubende Öffnen der Särge mit sich brachte. Langwierig war die Arbeit und in dem engen Raum stets von der Gefahr bedroht, daß ein Fehlgriff, ein falsches Ansetzen des Flaschenzuges, ein brechender Stützbalken schwere Schädigungen der Schätze bringen konnte. Genau wie auf dem Deckel des ersten Sarges lag auch auf dem des zweiten der junge Pharao in feierlichem Pomp, reich geschmückt in der Gestalt des Osiris.

Kein anderer Anblick bot sich, als der dritte Sarg frei wurde. Bei all dieser Arbeit war den Beteiligten das ganz unerklärliche Gewicht aufgefallen. Hier gab es wieder eine der Überraschungen, die in diesem Grab nicht abbrechen sollten.

Als Burton seine Aufnahmen gemacht hatte, als Carter den kleinen Blumenkragen und das schützende Leinentuch entfernt hatte, da löste sich beim ersten Anblick das Rätsel des ungeheuren Gewichts. Der dritte 1,85 Meter lange Sarg bestand aus massivem Gold, zweieinhalb bis dreieinhalb Millimeter stark; allein im Materialwert nicht abzuschätzen.

Zu dieser Überraschung aber, die man wohl eine gute nennen kann, gesellte sich sofort eine zweite, die bei den Forschern schlimme Befürchtungen hervorrief. Schon beim zweiten Sarg hatten sie feststellen müssen, daß die Schmuckornamente unter einer Feuchtigkeit gelitten haben mußten. Nun zeigte sich, daß der ganze Raum zwischen dem zweiten und dritten Sarg fast bis zum Deckel mit einer schwarzen festen Masse ausgefüllt war. Eine doppelte Halskette aus Gold- und Fayence-Perlen konnte von dieser pechartigen Masse zwar vollständig gereinigt werden, aber es erhob sich die für die Forscher beängstigende Frage: Welches Unheil hatten die offenbar unmäßig angewendeten Salböle an der Mumie angerichtet? Als nämlich einer der Mitarbeiter das letzte Leinentuch und den Blumenkragen mit Fayence-Perlen, die beide wohlerhalten aussahen, berührte, zerfielen sie. Die heiligen Öle hatten sie vollkommen zersetzt.

Lucas begann sofort mit der Analyse der Öle. Es muß sich um eine flüssige oder halbflüssige Substanz gehandelt haben, deren Grundbestandteile Fette und Harz waren, während das Holzpech – wonach die Masse nach dem Erwärmen stark duftete – zunächst nicht nachgewiesen werden konnte. Wieder fieberten alle; doch jetzt vorm wirklich letzten entscheidenden Augenblick.

Einige Goldnägel wurden gelöst, dann wurde der Dek-

Echnaton und seine Gemahlin. Der Schwiegervater des Tut-ench-Amun überschüttet den Priester Efe und seine Frau mit Geschenken.

kel des letzten Sarges an seinen Goldgriffen aufgehoben und die Mumie aufgedeckt. Tut-ench-Amun, nach dem sie sechs Jahre lang gesucht hatten, lag leibhaftig vor ihnen. «In solchen Augenblicken», sagt Carter, «versagt die Sprache!»

Eine Frage taucht auf, die schon längst fällig ist: Wer war dieser Pharao, dieser Tut-ench-Amun, dem ein solches Grabmal bereitet wurde? Es ist erstaunlich: aber er war ein unbedeutender Herrscher. Er starb im Alter von achtzehn Jahren. Er war mit Gewißheit der Schwiegersohn Echnatons, des «Ketzerkönigs», und höchstwahrscheinlich auch sein leiblicher Sohn. Seine Jugend verbrachte er unter der religiösen Reform seines Schwiegervaters als Aton-Anbeter. Daß er sich dann zur alten Religion zurückbekehrte, zeigt seine Namensänderung; aus Tut-ench-Aton wurde Tut-ench-Amun. Wir wissen, daß seine Regierungszeit politisch recht verworren war. Wir sehen auf Bildern, wie er Kriegsgefangene mit Füßen tritt und in der Schlacht die Feinde reihenweise, wahrhaft königlich, erschießt. Aber es ist nicht im geringsten sicher, ob er wirklich jemals im Felde gestanden hat. Wir wissen nicht einmal die genaue Dauer seiner Regierung (um 1350 v. Chr.). Den Thron erhielt er durch seine Frau, durch Anches-en-Amun, die er sehr jung geheiratet hat (ein bezauberndes Geschöpf, wenn die Bilder nicht schmeicheln).

Wir kennen durch die zahlreichen Bilder und Reliefs seines unversehrten Grabes, auch durch einige Gebrauchsgegenstände, die wie etwa der Thronsessel gewiß in persönlicher Beziehung zu ihm standen, viele private Züge seines Charakters, die ihn angenehm erscheinen lassen. Aber über seine königlichen Taten sind wir nicht informiert, seine Herrscherfunktion liegt im Dunkel; sicher ist, daß sie bei jemandem, der mit achtzehn Jahren starb, nicht bedeutend gewesen sein kann.

So kommt Carter in seinem historischen Überblick sicher mit Recht zu dem lakonischen Satz: «Soweit unsere Kenntnisse heute reichen, können wir mit Gewißheit sagen, daß das einzige Bemerkenswerte in seinem Leben darin bestand, daß er starb und begraben wurde.»

Diese Wahrheit zwingt zu einer wichtigen Folgerung: Wenn dieser achtzehnjährige Pharao mit solchem, alle abendländischen Vorstellungen übersteigenden Prunk bestattet wurde, mit welchen Grabbeigaben mögen dann Ramses der Große und Sethos I. in ihre Gräber geleitet worden sein? Von Sethos und Ramses spricht Derry, wenn er sagt: «Gewiß war in jeder einzelnen ihrer Grabkammern soviel aufgehäuft wie im gesamten Grab des Tut-ench-Amun.»

Welche unvorstellbaren Schätze müssen im Lauf der Jahrtausende aus den Königsgräbern des «Tals» in die Hände der Räuber gefallen sein!

Der Anblick der Mumie des Pharao war herrlich und schrecklich zugleich. Unsinnig viel Salböl war über sie ausgegossen worden, das jetzt verhärtet und geschwärzt alles verklebt hatte.

Im Gegensatz zu dieser dunklen, konturlosen Masse aber leuchtete in wahrhaft königlichem Glanz eine Goldmaske, die über das Gesicht gedeckt war; ebenso sauber vom dunklen Öl wie die Füße.

In langwierigem Prozeß, nach verschiedenen vergeblichen Versuchen, gelang es durch eine Erhitzung auf 500° Celsius (der Goldsarg wurde durch Zinkplatten geschützt), den Holzsarg von dem Goldsarg zu trennen.

Als es nun an die Untersuchung des Mumienkörpers ging, der einzigen Mumie des «Tals», die dreiunddreißig Jahrhunderte unberührt geblieben war, da zeigte sich etwas, was Carter so formuliert: «Das Schicksal zeigte ironisch lächelnd dem Forscher, daß die Goldräuber und die Priester, die die beraubten Mumien geborgen hatten, die beste Konservierungsarbeit geleistet hatten.» Denn die vor Jahrtausenden geraubten und verschleppten Mumien waren dadurch frühzeitig dem verderblichen Öl entzogen worden; sie waren oft beschädigt (wenn nicht Priester sie «geraubt» hatten) und meist bestohlen – aber sie waren besser erhalten als die Mumie des Tut-ench-Amun, die damit – wenigstens im Hinblick auf ihren Zustand – die einzige Enttäuschung des Grabes bot.

Am 11. November, vormittags um 9 Uhr 45, tat der Anatom Dr. Derry den ersten Schnitt in die obersten Leinenbinden der Mumie. Abgesehen vom Gesicht und den Füßen, die nicht mit Salböl in Berührung gekommen waren, war die Mumie in schrecklichem Zustand. Das Oxydieren der Harzbestandteile hatte eine Art von Selbstverbrennung hervorgerufen, so stark, daß nicht nur wesentliche Teile der Leinenbinden, sondern bis zu einem gewissen Grad sogar die Gewebe und die Knochen der Mumie regelrecht verkohlt waren. Die Salbenschicht war teilweise so verhärtet, daß sie unter den Gliedern und dem Rumpf weggemeißelt werden mußte.

Eine überraschende Entdeckung wurde gemacht, als man unter einem kronenartigen Polster am Kopf ein Amulett fand. Das war an sich nichts Besonderes. Auch Tut-ench-Amun war innerhalb aller Leinenbinden mit der «Magischen Rüstung» bedeckt, unzähligen Amuletten, Symbolen und Zauberzeichen. In der Regel bestanden solche Amulette aus Hämatit. Dies aber war aus *Eisen*! Man hatte einen der frühesten ägyptischen Eisenfunde gemacht, und nicht ohne Ironie muß vermerkt werden, daß in einem von Gold strotzenden Grabe einer der wichtigsten kulturhistorischen Fingerzeige von einem kleinen Stückchen Eisen gegeben wurde!

Außerordentlich verantwortungsvoll war das Lösen der letzten Leinenbinden von dem angekohlten Kopf des jungen Pharao. Schon die leise Berührung mit einem Zobelhaarpinsel zerstörte die Überreste des morschen Gewebes. Dann aber erschien, so berichtet Carter, nun endlich vorm Antlitz des jungen Königs stehend: «... ein friedvolles, sanftes Jünglingsantlitz. Edel und vornehm war es, gut geschnitten, mit scharfgezeichneten Lippen!»

In welcher Fülle der König mit Schmuck bedeckt war, das überschreitet unsere Vorstellungen. Unter den vielfachen Leinwandbinden lagen immer neue Kostbarkeiten in 101 verschiedenen Gruppen. Finger und Zehen steckten in goldenen Hülsen. Von den dreiunddreißig Seiten, die Carter braucht, die Untersuchung der Mumie zu beschreiben, muß er mehr als die Hälfte allein den Leibesfunden widmen. Der König – dieser achtzehnjährige Pharao – war buchstäblich in mehrere Lagen von Gold und Edelsteinen gehüllt.

Später beschreibt Professor Derry von seinem Standpunkt als Anatom die Untersuchung der Mumie in einer besonderen Arbeit. Nur drei seiner Ergebnisse wollen wir hier erwähnen. Er beweist die große Wahrscheinlichkeit der Vater-Sohn-Verwandtschaft von Echnaton und

Tut-ench-Amun, was für die Erhellung der dynastischen und damit politischen Verhältnisse zur Zeit der aussterbenden XVIII. Dynastie von außerordentlicher Bedeutung ist.

Und er bemerkt etwas, was kunstgeschichtlich hochinteressant ist (und auch von Carter mehrfach bestätigt wurde), nämlich das Verhältnis der darstellenden Künste zum Realismus. Lassen wir ihn selbst sprechen: «Die Goldmaske zeigt Tut-ench-Amun als freundlichen und vornehmen Jüngling. Wer das Glück hatte, das freigelegte Gesicht der Mumie zu sehen, kann bestätigen, wie geschickt, genau und naturgetreu der Künstler der XVIII. Dynastie die Züge wiedergegeben hat. Er hat uns für alle Zeit und in unvergänglichem Metall ein herrliches Porträt des jungen Königs geschenkt.»

Und schließlich gibt er als Anatom klaren Aufschluß über das Alter des Königs, das uns geschichtlich nicht belegt ist. Aus der Verknöcherung der Gelenkknorpel, und nach der Beschaffenheit des Beinknochenwuchses verlegt er es zwischen das siebzehnte und neunzehnte Lebensjahr; die Wahrscheinlichkeit spricht für das achtzehnte.

Hier könnte die Geschichte von der Ausgrabung des Königs Tut-ench-Amun beendet sein. Die Ausräumung der Seitenkammer und der kleinen Schatzkammer brachte zwar wichtige, aber für unseren Abriß nicht unbedingt bedeutungsvolle Ereignisse und Erkenntnisse.

Eines aber muß noch gesagt werden. Es betrifft den «Fluch des Pharao». Es betrifft den geheimnisvollen unnatürlichen Tod von mehr als zwanzig Personen, die an der Ausgrabung des Pharao beteiligt waren.

Seit den fast zweihundert Jahren, da es eine Archäologie gibt, ist kein großer Fund aus versunkener Welt derartig publizistisch in die Anteilnahme der breitesten Öffentlichkeit hineingetragen worden wie der Fund Tut-ench-Amuns. Nicht umsonst geschah er im Zeichen der Rotationspresse, des Fotos, Films und des damals beginnenden

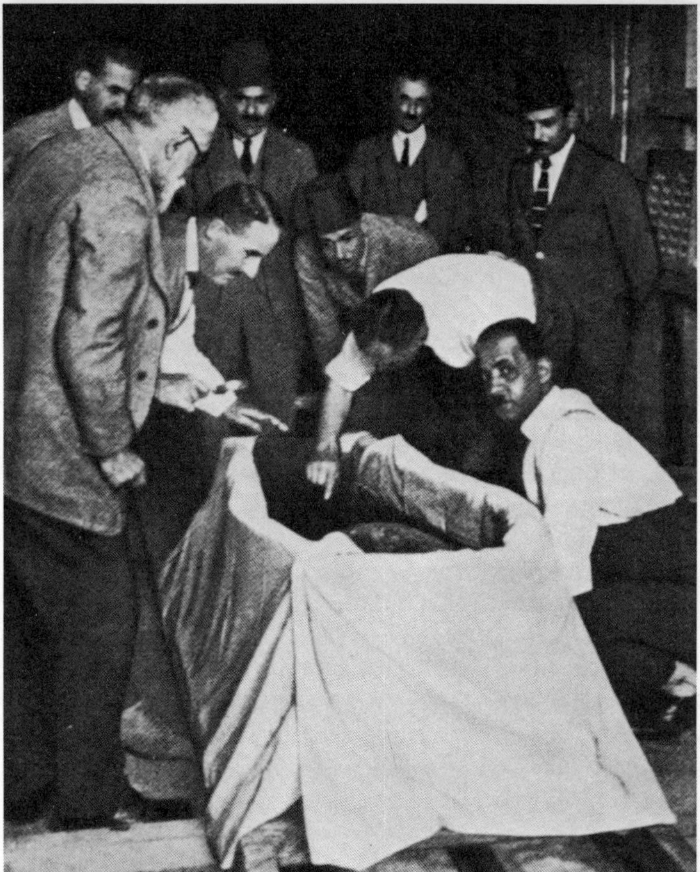

Im Beisein einer wissenschaftlichen Kommission macht der Anatom Dr. Derry den ersten Schnitt in die Umhüllung der Mumie des Tut-ench-Amun.

Rundfunks. Mit Glückwunschtelegrammen fing die Anteilnahme der Welt an. Die Reporter waren die zweiten am Platze. Dann kamen – in der ganzen Welt wurden die Trommeln gerührt worden, denn ein Schatz war gefunden worden – die Briefe der Kritiker oder Wohlmeinenden. Strenge Anklagen wegen Entweihung sandten die einen, Patente für praktische Grabkleidermoden die anderen (nach Carters Mitteilungen). Der erste Winter brachte täglich zehn bis fünfzehn unsinnige oder zumindest überflüssige Briefe. «Was soll man sich zum Beispiel», fragt Carter, «unter einem Menschen vorstellen, der ernsthaft anfragt, ob die Entdeckung des Grabes Licht auf die angeblichen belgischen Kongogreuel geworfen habe?»

Dann kamen die Besucher. Der normale Strom wuchs sich zu Pilgerzügen aus. Es wurde fotografiert. Da bei der langwierigen Arbeit im Grab besonders in der ersten Zeit sehr selten ein Gegenstand ins Licht – hinüber ins Laboratorium – getragen wurde, mußten manche Fotofreunde tagelang auf einen Schnappschuß warten. Dann konnte Carter beobachten, daß man ein Stück schlichter Mumienleinwand, das er sich ins Laboratorium bringen ließ, auf seinem Wege vom Grab achtmal fotografierte.

In drei Monaten des Jahres 1926, auf dem Höhepunkt des Weltgesprächs um Tut-ench-Amun, besichtigten 12300 Touristen das Grab und 270 Gesellschaften das Laboratorium.

Es ist selbstverständlich, daß eine normale Zeitungsredaktion, die ihren Lesern nicht vorenthalten darf, wovon die Welt spricht, nicht in der Lage ist, sich jeden Bericht und Aufsatz von einem Spezialisten der Ägyptologie schreiben zu lassen. Über mehrere Nachrichtendienste, über ungenaue schriftliche oder mündliche Berichterstattung, mußten sich in die Zeitungsberichte über Tut-ench-Amun Fehler einschleichen. Es liegt im Wesen der Zeitung, der Sensation größere Wichtigkeit beizumessen als der trockenen Nachricht. Es konnte nicht ausbleiben, daß die Phantasie Lücken füllte.

Wie die Mär vom «Fluch des Pharao» entstand, ist heute nicht mehr nachzuweisen. Sie ging bis in die dreißiger Jahre immer wieder durch die gesamte Weltpresse. Sie ist dennoch nicht anders zu werten als etwa die schon besprochene «Zahlenmystik» an der Großen Pyramide. Nicht anders auch als die immer wieder auftauchende völlig unbewiesene Geschichte vom wiederblühenden «Mumienweizen», den drei- oder gar viertausendjährigen Samenkörnern aus altägyptischen Gräbern, die angeblich ihre Keimfähigkeit nicht verloren haben. (Seit sich diese Geschichte genügend herumgesprochen hat, wird dieser «Mumienweizen» heute ziemlich häufig in den Ritzen der Königsgräber von gewöhnlichen Touristen gefunden; die Fremdenführer sorgen dafür und fahren nicht schlecht dabei.)

Der «Fluch des Pharao» ist ein ebenso guter, leicht gruseliger Unterhaltungsstoff wie der bekannte «Fluch des Hope-Diamanten» oder wie die schreckliche Reihe der Schicksalsschläge, die der weniger bekannte «Fluch der Mönche von Lacroma» heraufbeschwor. (Von der Insel dieses Namens – Ragusa vorgelagert – verwiesen, verfluchten sie das Eiland. Die späteren Besitzer, Kaiser Maximilian, Kaiserin Elisabeth von Österreich und Kronprinz Rudolf, König Ludwig II. von Bayern und Erzherzog Franz Ferdinand starben alle eines unnatürlichen Todes.)

Anlaß, einen «Fluch des Pharao» zu konstruieren, gab wahrscheinlich der frühe Tod Lord Carnarvons. Als er, von einem Moskito gestochen, nach dreiwöchigem Kampfe am 6. April 1923 starb, erhoben sich Stimmen, die von der «Strafe für den Frevler» sprachen.

Unter der Schlagzeile «Die Rache des Pharao» erschienen bald darauf die Untertitel «Ein neues Opfer des Tutench-Amun-Fluches!»; und es ging weiter: «ein zweites», ein «siebentes», «ein neunzehntes Opfer»! Dies neunzehnte Opfer erscheint in einem «Drahtbericht aus London vom 21. 2. 1930» in einer deutschen Zeitung. «Heute sprang der achtundsiebzigjährige Lord Westbury aus dem Fenster seiner im siebenten Stock gelegenen Londoner

Wohnung und war auf der Stelle tot. Der Sohn Lord Westburys, der seinerzeit als Sekretär des Forschers Carter an den Tut-ench-Amun-Ausgrabungen beteiligt war, ist im November vorigen Jahres in seiner Wohnung tot aufgefunden worden, obwohl er abends in bester Gesundheit zu Bett gegangen war. Die genaue Todesursache konnte nie festgestellt werden.»

«Ein Gruseln geht durch England ...» schreibt eine Zeitung, als Archibald Douglas Reid stirbt, während er eine Mumie röntgen wollte, und nachdem als einundzwanzigstes «Opfer des Pharao» der Ägyptologe Arthur Weigall einem «unbekannten Fieber» erlag.

Dann stirbt A. C. Mace, der mit Carter zusammen die Grabkammer geöffnet hatte (aber der Bericht verschweigt, daß Mace schon lange vorher krank war, trotz der Krankheit Carter half, dann aber wegen der Krankheit die Grabung abbrach).

Schließlich stirbt noch durch «Selbstmord in geistiger Umnachtung» – Lord Carnarvons Halbbruder, Aubrey Herbert. Und – es ist immerhin verblüffend – im Februar 1929 erliegt Lady Elisabeth Carnarvon einem «Insektenstich». Im Jahre 1930 lebt als einziger der enger Beteiligten nur noch Howard Carter, der Entdecker.

«Der Tod wird auf schnellen Schwingen zu demjenigen kommen, der die Ruhe des Pharao stört» – das ist eine der recht zahlreichen Versionen des «Fluchs», den Tut-ench-Amun als Inschrift in seinem Grabe tragen soll.

Als eines Tages gemeldet wurde, in Amerika sei ein Mr. Carter als neuestes Opfer des Pharao auf geheimnisvolle Weise verunglückt, der Pharao warne also bereits den Entdecker, indem er seine Familie züchtige, da begannen endlich einige ernsthafte Archäologen, nun böse geworden, sich mit diesen Meldungen auseinanderzusetzen.

Carter selbst gibt die erste Entgegnung. Der Forscher, sagt er, geht «an seine Arbeit gewiß mit Ehrfurcht und heiligem Ernst, aber ohne jenen grusligen Schauer, dessen geheimnisvollem Reiz die nach seelischen Sensationen dürstende Menge so leicht erliegt». Er spricht von «lächerlichen Geschichten» und einer «Abart der gewöhnlichen Geistergeschichten». Dann geht er sachlich auf die Meldungen ein, sofern sie behaupteten, daß das Überschreiten der Grabesschwelle tatsächlich eine – wissenschaftlich vielleicht sehr leicht zu erklärende – Lebensgefahr berge. Er deutet auf die bewiesene, weil sorgfältig untersuchte Keimfreiheit des Grabes hin. Und er wird bitter in seinem letzten Satz, wenn er bemerkt: «Der Geist klugen Verständnisses fehlt dem albernen Geschwätz durchaus. Wir sind offenbar nicht so weit fortgeschritten seit der alten Vorzeit, wie gute Menschen es gern glauben.»

Mit gutem Instinkt für die Öffentlichkeit antwortet der deutsche Ägyptologe Professor Georg Steindorff im Jahre 1933. Er macht sich nämlich die Mühe, den Meldungen, deren Herkunft noch zu ermitteln ist, nachzugehen. Er stellt fest, daß der in Amerika umgekommene Herr Carter nichts als den Namen mit dem Entdecker gemein hat. Er stellt weiter fest, daß die beiden Westbury nicht das geringste, weder direkt noch indirekt, mit dem Grab, mit der Ausräumung, mit der Mumie zu tun gehabt haben. Und er bringt – nach allerlei anderen Hinweisen – das schlagendste Argument: der «Fluch des Pharao» existiert überhaupt nicht; er wurde nie ausgesprochen und besteht in keiner Inschrift.

Er bestätigt, worauf Carter nebenbei hinwies: «Das ägyptische Totenritual hat für den Lebenden keinen Fluch dieses Inhalts, sondern nur eine Aufforderung, dem Toten fromme und wohlwollende Wünsche nachzusenden.»

Es ist eine klare Sinnverfälschung, wenn man die wenigen schützenden Beschwörungsformeln, die sich auf einigen magischen Figürchen der Grabkammer fanden, in «Flüche» verwandeln will. Diese Formeln sollen «den Feind des Osiris (des Verstorbenen) verscheuchen, in welcher Gestalt er auch komme».

Seit der Entdeckung des Grabes von Tut-ench-Amun sind

viele Expeditionen in Ägypten tätig gewesen. 1939, 1940 und 1946 entdeckte Professor Pierre Montet bei Tanis ein perfektes Nest von Königsgräbern aus der XXI. und XXII. Dynastie, darunter das Grab des Pharaos Psusennes. In unterirdischen Felsengalerien von mehr als tausend Meter Länge fand Professor Sami Gabra Kultstätten der Ibis, endlose Grabplätze für heilige Tiere. In die ägyptische Urzeit zurück ging eine Expedition, die König Farouk ausgerüstet hatte – sie fand Gräber aus dem 2. und 3. Jahrhundert v. Chr. Dr. Ahmad Badawi und Dr. Mustapha El-Amir entdeckten 1941 bei Memphis zufällig (eigentlich mit anderer Grabung beschäftigt) eine Stele zu Ehren Amenophis' II. und ein *unberührtes* Grab des Prinzen Sheshank, reich mit Juwelen geschmückt. –

Womit begann dieses Kapitel? Es war Napoleons Feldzug ins Nilland; es war die Geburt eines dunkelhäutigen Knaben namens Jean François Champollion. Zur Zeit, als Napoleon scheiterte und Champollion die ersten fremden Sprachen lernte, saß in Göttingen ein Schulmann vor einigen Inschriftenkopien sehr merkwürdiger Art. Als er entdeckt hatte, was die Zeichen auf diesen Kopien bedeuteten, konnte die wissenschaftliche Eroberung eines anderen alten Reiches beginnen, eines noch älteren Reiches als Ägypten, des Landes zwischen Euphrat und Tigris, wo der Turm von Babel sich erhob und einst Ninive stand und fiel.*

* Die archäologischen Entdeckungen des Landes zwischen Euphrat und Tigris beschreibt C. W. CERAM in Seinem Werk «Götter, Gräber und Gelehrte», Rowohlt Verlag

DAS NILLAND

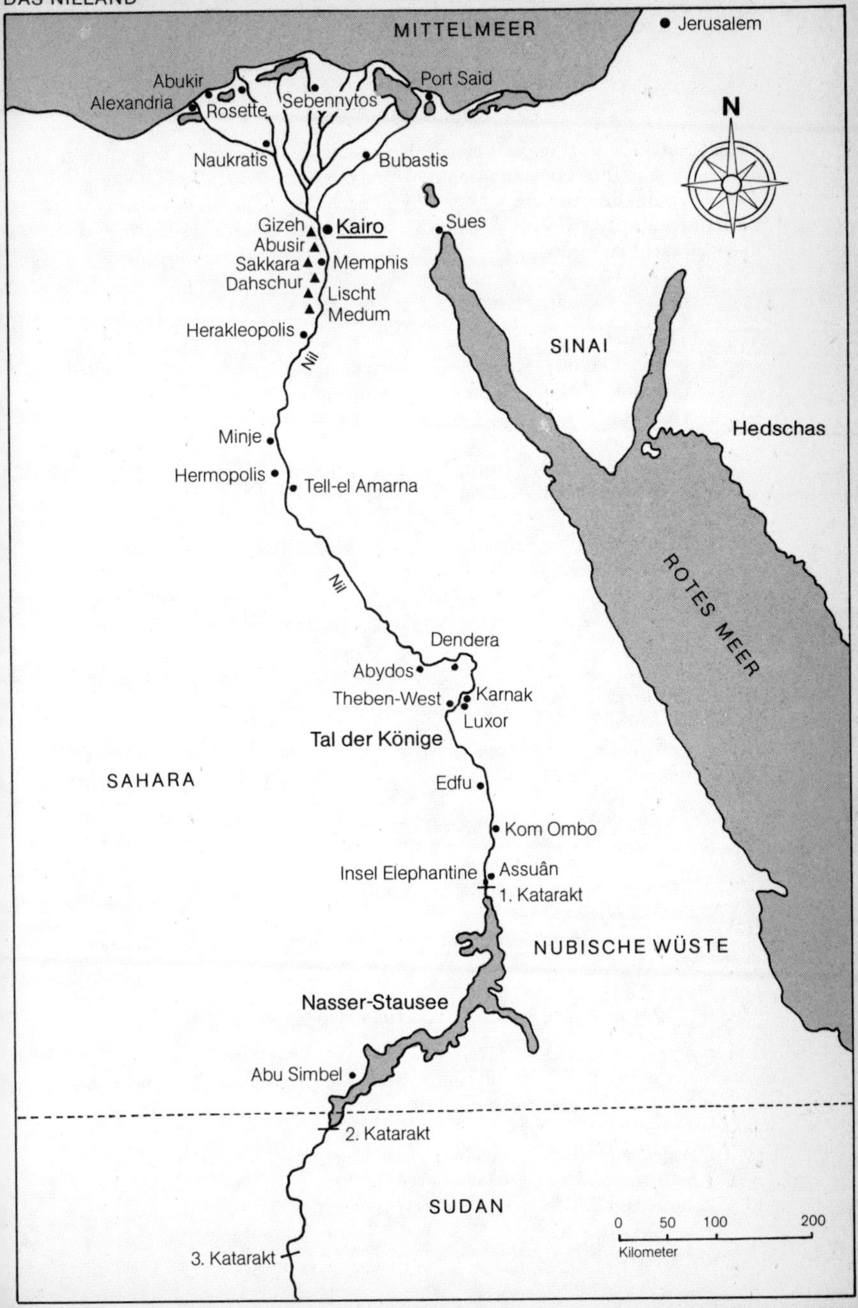
MITTELMEER
Jerusalem
Abukir
Alexandria
Rosette
Sebennytos
Port Said
Naukratis
Bubastis
Gizeh
Kairo
Abusir
Sakkara
Memphis
Dahschur
Lischt
Medum
Herakleopolis
Nil
Sues
N
SINAI
Hedschas
Minje
Hermopolis
Tell-el Amarna
Nil
ROTES MEER
Dendera
Abydos
Theben-West
Karnak
Luxor
Tal der Könige
SAHARA
Edfu
Kom Ombo
Insel Elephantine
Assuân
1. Katarakt
NUBISCHE WÜSTE
Nasser-Stausee
Abu Simbel
2. Katarakt
SUDAN
0 50 100 200
Kilometer
3. Katarakt

Zeittafel

Die Reiche der Ägypter

Diese Zeittabelle folgt in der Reihenfolge und Schreibweise der Königsnamen im wesentlichen den Forschungen des Amerikaners Breasted; die Einteilung in «Reiche», und ihre Datierung, richtet sich nach den Angaben des Deutschen Georg Steindorff. Abweichungen bis zu hundert Jahren sind besonders in der Frühzeit nicht zu vermeiden.

Das alte Reich (2900 bis 2270 v. Chr.)

I. Dynastie
Menes; Athotis; Kenkenes (wahrscheinlich Zer und Zet); Usaphais (Wedimu); Miebis (Anez-jeb); Semempses (Semerchet); Bieneches (Kaj-a)

II. Dynastie
Hetep-sechemui; Nebre; Neterimu (Binothris); Sechem-jeb (Tlas); Perj-ibsen; Sendi (Sethenes); Cha'sechemui

III. Dynastie
Djoser; Cha'ba; Sanecht; Neferkere; Huni (hier ist die Reihenfolge völlig unsicher)

IV. Dynastie
Snofru; Cheops; Dedefre; Mykerinos; Schepseskef

V. Dynastie
Weserkef; Sahure; Neferkere; Schepseskere; Nefrere; Neuserre; Menkauhor; Zedkere; Unas

VI. Dynastie
Teti; Weserkere; Phiops I.; Mernere I.; Phiops II.; Mernere II; Neterikere (Nitokris)

Die erste Zwischenzeit (2270 bis 2100 v. Chr.)

VII. und VIII. Dynastie
Etwa zwanzig wenig bekannte Könige

IX. und X. Dynastie
Etwa zwölf Könige; darunter zwei mit dem Namen Neferkere und drei mit dem Namen Cheti

Das mittlere Reich (2100 bis etwa 1700 v. Chr.)

IX. Dynastie
Etwa zwölf Könige; darunter Mentuhotpe, der als Begründer des Mittleren Reiches anzusehen ist.

XII. Dynastie

Amenemhet I.	(2000 bis 1970 v. Chr.)
Sesostris I.	(1980 bis 1935 v. Chr.)
Amenemhet II.	(1938 bis 1903 v. Chr.)

Sesostris II. (1906 bis 1887 v. Chr.)
Sesostris III. (1887 bis 1849 v. Chr.)
Amenemhet III. (1849 bis 1801 v. Chr.)
Amenemhet IV. (1801 bis 1792 v. Chr.)
Sebeknefrure (1792 bis 1788 v. Chr.)

XIII. Dynastie (1788 bis ? v. Chr.)
Sehr viele Könige; darunter mehrer mit dem Namen Amenemhet, Sesostris, Sebekhotpe, Neverhotpe und Mentuhotpe

Die zweite Zwischenzeit (etwa 1700 bis 1555 v. Chr.)

XIV. Dynastie
Rund dreißig kaum bekannte Könige

XV. und *XVI. Dynastie* (Hyksosherrschaft)
Etwa fünfunddreißig wenig bekannte Könige

XVII. Dynastie (? bis 1555 v. Chr.)
Mehr als dreißig Könige

Das neue Reich (1555 bis 1090 v. Chr.)

XVIII. Dynastie (etwa 1555 bis 1335 v. Chr.)
Amosis (etwa 1580 bis 1558)
(Nach Breasted gehört dieser König zur XVII. Dynastie, daher das übergreifende Datum)
Amenophis I., Thutmosis I., Thutmosis II. } (etwa 1557 bis 1505)
Hatschepsut, Thutmosis III. } (etwa 1504 bis 1450)
Amenophis II., Thutmosis IV. } (etwa 1450 bis 1405)
Amenophis III. } (etwa 1405 bis 1370)
Amenophis IV. } (Echnaton) (etwa 1370 bis 1352)
Sakere, Tut-ench-Amun, Eje } (etwa 1370 bis 1335)

XIX. Dynastie (etwa 1335 bis 1205 v. Chr.)
Haremheb (etwa 1335 bis 1310)
Ramses I. (etwa 1309)
Sethos I. (etwa 1308 bis 1298)
Ramses II. (1298 bis 1232)
Menephta, Amenmeses, Siptah, Sethos II. } (etwa 1232 bis 1205)

XX. Dynastie (etwa 1200 bis 1090 v. Chr.)
Nachseth (etwa 1200)
Ramses III. (etwa 1200 bis 1168)
Ramses IV. bis Ramses XI. (etwa 1168 bis 1090)

Die dritte Zwischenzeit (1090 bis 712 v. Chr.)
(Hier herrschen über die Einzeldatierungen noch Zweifel)

XXI. Dynastie (etwa 1090 bis 945 v. Chr.)
Smendes, Hrihor (1090 bis 1085)
Psusennes I. (1085 bis 1067)
Painozem I. (1067 bis 1026)
Amenempet (1026 bis 976)
Siamon (976 bis 958)
Psuennes II. (958 bis 945)

XXII. Dynastie (etwa 945 bis 745 v. Chr.)
Schoschenk I. (945 bis 924)
Osorkon I. (924 bis 895)
Takelothis I. (895 bis 874)
Schoschenk II., Osorkon II. (874 bis 853)
Takelothis II. (853 bis 834)
Schoschenk III. (834 bis 784)
Pemu (784 bis 782)
Schoschenk IV. (782 bis 745)

XXIII. Dynastie (etwa 745 bis 718 v. Chr.)
Petobastis (745 bis 721)
Osorkon III., Takelothis III. (721 bis 718)

XXIV. Dynastie (718 bis 712 v. Chr.)
Bockchoris (etwa 718 bis 712)

Die Spätzeit (712 bis 525 v. Chr.)

XXV. Dynastie (712 bis 670 v. Chr.)
Schabaka (712 bis 700)
Schabataka (700 bis 688)
Taharka (688 bis 670)

Assyrische Zwischenherrschaft (670 bis 663 v. Chr.)

XXVI. Dynastie (663 bis 525 v. Chr.)
Psammetich I. (663 bis 609)
Necho (609 bis 593)
Psammetich II. (593 bis 588)
Apries (Hophra) (588 bis 569)
Amasis (569 bis 525)
Psammetich III. (525)

Die persische Herrschaft (525 bis 332 v. Chr.)
Die Griechisch-römische Herrschaft (332 v. Chr. bis 638 n. Chr.)

Literaturhinweise

Belzoni, Giovanni Battista: «Narrative of Operations and Recent Researches in Egypt and Nubia», London 1820.

Breasted, J. A.: «Ancient Records of Egypt», I.–V., Chicago 1906–1907.

–, «A History of Egypt» (dt. Ausg. «Geschichte Ägyptens» von H. Ranke, Wien 1936).

Brugsch, Heinrich: «Inscriptio Rosettana», Berlin 1851.

–, «Die Ägyptologie», Leipzig 1891.

–, «Steininschrift und Bibelwort», Berlin 1891.

Burckhardt, Johann Ludwig: «Travels in Nubia», London 1819.

Carter, H./Mace, A. C.: «Tut-ench-Amun» (Bd. I), Leipzig 1924.

Carter, Howard: «Tut-ench-Amun» (Bd. II), Leipzig 1924.

Champollion, Jean François: «Lettre à M. Dacier, relative à l'alphabet des hiéroglyphes phonétiques», Paris 1822.

–, «Panthéon égyptien», Paris 1823.

Denon, Vivant: «Voyages dans la basse et la haute Égypte», I. – II., Paris 1802.

Desroches-Noblecourt, Christiane: «Life and Death of a Pharao, Tutankhamen», London 1963.

Ebers, Georg: «Papyros Ebers», I. – II., 1875.

–, «Eine ägyptische Königstochter», I. – III. (Roman) 1884.

Edwards, A. A. B.: «Pharaohs, Fellahs and Explorers», 1891.

Edwards, I. E. S.: «The Pyramids of Egypt», Penguin Books, 1952.

Erman, Adolf: «Die Hieroglyphen», 1917.

–, «Die Literatur der Ägypter», Leipzig 1923.

–, «Die Welt am Nil», Leipzig 1936.

Friedell, Egon: «Kulturgeschichte Ägyptens und des Alten Orients», München 1951.

Goneim, Mohammed Zakaria: «The buried Pyramids», London 1955 (dt. «Die verschollene Pyramide», Wiesbaden 1955).

Hartleben, H.: «Champollion», I. – II. Berlin 1906.

Lange, Kurt: «Pyramiden, Sphinxe, Pharaonen», München 1952.

Lepsius, Richard: «Denkmäler aus Ägypten und Äthiopien», 1849–1859, Textbände 1879–1913.

Ludwig, Emil: «Napoleon», Berlin 1930.

Mariette, Auguste: «Monuments of Upper Egypt», London 1877.

Meier-Graefe, Julius: «Pyramide und Tempel», Berlin 1927.
Mertz, Barbara: «Temples, Tombs and Hieroglyphs», The story of Egyptology, New York 1964.
Petrie, William M. Flinders: «Ten years' digging in Egypt», 18 81–1891.
–, «Methods and aims in archaeology», 1904.
Reybaud: «Histoire scientifique et militaire de l'expédition française en Egypte», I.–X., 1830–1836.
Scharff, Alexander/Moortgat, Anton: «Ägypten und Vorderasien im Altertum», München 1951.
Schott, Siegfried: «Hieroglyphen, Untersuchungen zum Ursprung der Schrift», Mainz 1951.
Sethe, Kurt: «Die altägyptischen Pyramidentexte», I.–IV., 1908–1922.
Steindorff, Georg: «Die ägyptischen Gaue und ihre politische Entwicklung», 1909.
–, «Blütezeit des Pharaonenreiches», 1926.
Wolf, Walther: «Die Welt der Ägypter», Stuttgart 1958.

Quellenverzeichnis der Abbildungen

I. Im Tafelteil:

1. B. Kappelmeyer für ZEFA
2. beide: dpa
3. K. Scholz für ZEFA
4. D. Lutz für ZEFA
5. O. Lutz für ZEFA
6. K. Röhrich für ZEFA
7. K. Scholz für ZEFA
8. M. Sobottka für ZEFA
9. beide: L. Schranner für ZEFA
10. K. Röhrich für ZEFA
11. L. Schranner für ZEFA
12. beide: L. Schranner für ZEFA
13. L. Schranner für ZEFA
14. O. Lutz für ZEFA
15. K. Scholz für ZEFA
16. L. Schranner für ZEFA

II. Im Textteil

S. 17 H. Carter/Mace, «Tut-ench-Amun» / S. 23 W. Lübke, «Die Kunst des Altertums» / S. 44 L. Reinhardt, «Urgeschichte der Welt» / S. 48 H. Jensen, «Die Schrift» / S. 49 L. Reinhardt, «Urgeschichte der Welt» / S. 53 H. Jensen, «Die Schrift» / S. 56 H. Jensen, «Die Schrift» / S. 60/61 L. Reinhardt, «Urgeschichte der Welt» / S. 69 Bildarchiv Foto Marburg / S. 76 J.H. Breasted, «Geschichte Ägyptens» / S. 76 Rowohlt-Archiv / S. 79 Karl Baedeker, «Ägypten und der Sudan» / S. 90 Rowohlt-Archiv / S. 105 H. Carter/Mace, «Tut-ench-Amun» / S. 126 H. Carter/Mace, «Tut-ench-Amun» / S. 127 J.H. Breasted, «Geschichte Ägyptens» / S. 137 Hirmer Fotoarchiv, München / S. 149 Rowohlt-Archiv / S. 155 Bildarchiv Foto Marburg / S. 165 H. Carter/Mace, «Tut-ench-Amun» / S. 169 H. Carter/Mace, «Tut-ench-Amun» / S. 173 H. Carter/Mace, «Tut-ench-Amun»

Personen- und Sachregister

Literatur für Kopf Hörer

Produziert von Bernd Liebner

Eine Auswahl

Rowohlt Cassetten

Armin Müller-Stahl liest
Vladimir Nabokov
Der Zauberer
Deutsch von Dieter E. Zimmer
2 Tonbandcassetten im Schuber
(66005)

Walter Schmidinger liest
Italo Svevo
Zeno Cosini
Das Raucherkapitel
1 Tonbandcassette im Schuber
(66007)

Uwe Friedrichsen liest
Kurt Tucholsky
Schloß Gripsholm
3 Tonbandcassetten im Schuber
(66006)

Christian Brückner liest
John Updike
Der verwaiste Swimmingpool
Der verwaiste Swimmingpool,
Wie man Amerika gleichzeitig liebt und verläßt
Deutsch von Uwe Friesel und Monika Michieli.
1 Tonbandcassette im Schuber
(66004)

Christian Brückner liest
Jean-Paul Sartre
Die Kindheit eines Chefs
Deutsch von Uli Aumüller
3 Tonbandcassetten im Schuber
(66014)

C 2321/3 a